家庭教育指导课程指南

山东省教育科学研究院 组编

家庭教育指导课程丛书

JIATING JIAOYU ZHIDAO KECHENG CONGSHU

王治芳

主编

U0641363

山东教育出版社

图书在版编目（CIP）数据

家庭教育指导课程指南 / 王治芳主编. —济南：山东教育
出版社，2018

（家庭教育指导课程丛书 / 山东省教育科学研究院　组编）

ISBN 978-7-5701-0284-6

Ⅰ.①家…　Ⅱ.①王…　Ⅲ.①家庭教育–指南
Ⅳ.①G78-62

中国版本图书馆CIP数据核字（2018）第132246号

JIATING JIAOYU ZHIDAO KECHENG CONGSHU
JIATING JIAOYU ZHIDAO KECHENG ZHINAN

家庭教育指导课程丛书　　　　山东省教育科学研究院　组编
家庭教育指导课程指南　　　　　　　　　　　王治芳　主编

主管单位：山东出版传媒股份有限公司
出版发行：山东教育出版社
　　　　　地址：济南市纬一路321号　邮编：250001
　　　　　电话：（0531）82092664　　网址：www.sjs.com.cn
印　　刷：山东奥文印业有限公司
版　　次：2018年6月第1版
印　　次：2018年6月第1次印刷
开　　本：710 mm×1000 mm　1/16
印　　张：5
字　　数：80千
定　　价：15.00元

（如印装质量有问题，请与印刷厂联系调换）印厂电话：0537-5101899

目　录

第一部分　家庭教育指导课程概述 ／1

一、核心概念 ／ 2

二、课题背景 ／ 3

三、指导思想 ／ 6

四、课题理念 ／ 9

第二部分　家庭教育指导课程指南 ／ 11

一、课程性质 ／ 11

二、课程设计原则 ／ 11

三、课程目标 ／ 12

四、课程内容 ／ 13

五、课程实施 ／ 26

六、实施管理 ／ 27

附录一　家庭教育指导主题活动范例一览表 ／ 29

附录二　山东省教育系统家庭教育调研报告 ／ 32

参考文献 ／ 75

第一部分　家庭教育指导课程概述

　　家庭教育是人类永恒的话题，其内容涵盖了人的健康、道德、情感、伦理、认知、文化等几乎所有方面，在教育史上形成了不同层次、不同视角的研究成果。我国第一位家庭教育方向的研究生导师、中国当代家庭教育科学研究的开拓者赵忠心先生所著的《家庭教育学》，既是当前家庭教育的理论基础，也是全国中小学教师继续教育教材。我国著名教育家、幼儿教育奠基人陈鹤琴先生所著的《家庭教育》，既是一本探究中国儿童心理发育规律的理论著作，又是一位普通父亲的育儿日志。德国儿童早期教育专家卡尔·威特的《卡尔·威特的教育》，既是世界上论述早期教育的最早文献，也是全球影响最大的家庭教育案例。诸多研究成果从不同视角阐述了家庭教育。历史学视角从历史的长河中理解家庭教育，关注人类社会发展中家庭的起源与演变；社会学视角从社会的系统中看待家庭教育，关注社会环境对个体成长的影响；文化学视角从个体成长的环境看待家庭教育，关注家风、家训等文化环境对个体成长的影响；伦理学视角从道德范畴审视家庭教育，关注个体价值观的形成；心理学视角从发展的个体来探寻家庭教育，关注个体不同的人生阶段在家庭中所呈现出的不同特点；哲学视角从人生的高度上审视家庭教育，关注家庭教育全过程的普遍原理。

　　教育是学校的责任，也是社会的责任，更是家长的责任，家长是孩子成长的第一责任人。家庭教育取决于家长的教育能力，提升家庭教育水平必须从提升家长教养知能开始，应当把家庭教育指导的切入点汇聚到家长教育上。为此，我们提出了"基于家校社共同体的家长教养知能提升育人模式"（见图1），而向家长实施跨越正规教育和非正规教育领域的继续教育，更新家长教育理念，提升家长教养知识和能力。围绕学生全面和终身发展这一中心，以家长和教师为双主体，通过教师指导家长科学实施家庭教育，从而提升家庭教育水平；以"家长教养知能提升的路径与策略研究"为课题，从工作理念、课程建设、队伍建设、载体形式、平台建设等方面进行了一系列研究和实践，从实践视角提供了区域家庭教育指导工作的具体参照。

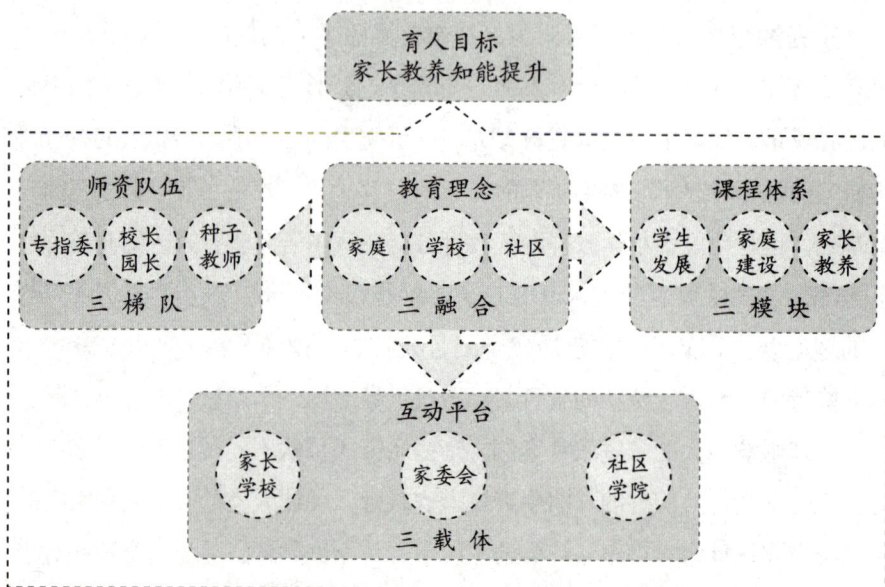

图1　基于家校社共同体的家长教养知能提升育人模式

一、核心概念

1. 家庭。家庭是开启智慧、增强体质、培养品德、塑造个性、促进创新的摇篮。家庭具有教育功能。

2. 家庭教育。家庭教育是增进家人关系与家庭功能的教育活动，也是家庭成员提供的增进教育功能的学习活动，是终身教育体系的重要组成部分。

3. 家庭教育指导。家庭教育指导是依据家庭教育中的问题，通过更新家庭教育观念、教授家庭教育理论和策略方法，指导解决家庭教育中的困惑，帮助家长科学实施家庭教育，促进家庭和谐幸福。从家庭内部来说，家庭教育的对象主要是子女（年轻人）和父母（年长者）。从家庭外部的学校角度来看，家庭教育指导的对象就是学生、家长和教师，指导内容为：指导学生家庭伦理教育，形成正确的家庭观，提高生活管理能力和自立能力；指导家长提升教养能力，提高家庭教育水平；指导教师提升指导能力，也就是教师对家长进行家庭教育指导的能力。

4. 家庭教育指导课程。家庭教育指导课程是综合性课程，是指以课时的形式进行的专业的、规范的、系统的家庭教育指导，并阶段性地长期有效执行，旨在提升家长的家庭教育能力、教师的家庭教育指导能力、学生的对家人认知和家庭管理的能力。本课程以家校社合作共育为路径，共分为三部分：以社会主义核心价值观、中华优秀传统文化、先进教育理念、科学育人知识等为基础的家庭教育理论部分；以儿童及青少年身心发展规律及学段特点、常见问题应对及个案解决为基本的家庭教育能力部分；以家长学校、家委会、家访、社区教育学院等家校社共同体为教育载体的实施部分。

5. 家长教养知能。家长教养知能指家长教育、养护子女的知识和能力，包括合理可行的教养模式、适合孩子特性的教育方法、恰当的教育手段、教养问题的有效解决方法以及和谐家人关系等。通过提升家长的教养能力和家庭建设能力，发挥家庭的教化功能，培养孩子的生活适应能力和自立能力，促进孩子全面发展，促进家庭和谐和社会文明进步。

二、课题背景

人是社会的人，教育也并非真空，它始终都发生在社会中。我们常说"不识庐山真面目，只缘身在此山中"，对家庭教育的认识也是如此。就家庭教育谈家庭教育，就会一叶障目。家庭是社会的细胞。我们一定要关注家庭教育的社会背景，要把家庭教育放到整个国民教育体系中，放在全民学习的社会中来加以审视。

1. 学习型社会。学习型社会是上世纪60年代美国学者哈钦斯首次提出来的。联合国教科文组织国际教育发展委员会编著的《学会生存》一书，把学习型社会作为未来社会形态的构想和追求目标。学习型社会的核心内涵是"人人学习、时时学习、处处学习"，全体人民学有所教，学有所成，学有所用。联合国《2030年可持续发展议程》提出："到2030年，确保包容、公平的优质教育，使人人可以获得终身学习的机会。"

中国共产党十分重视建设学习型社会。党的十六大报告提出"形成全民学习、终身学习的学习型社会，促进人的全面发展"；党的十七大报告提出"建设全民学习、终身学习的学习型社会"；党的十八大报告提出"完善终身教育体系，建设学习型社会"；党的十九大报告指出"办好继续教育，加快建设学习型社会，大力提高国民素质"。《国家中长期教育改革和发展规划纲要（2010—2020年）》明确提出三大战略目标，其中之一为："到2020年，基本形成学习型社会。"教育部每年都组织全民终身学习活动周，以宣传、推动学习型社会建设。2013年北京召开了首届世界学习型城市建设大会，主题为"全民终身学习：城市的包容、繁荣及可持续发展"，提出"全民终身学习是城市的未来""让城市成为没有围墙的学校，让学习成为市民日常的生活方式"。《山东省教育改革和发展规划纲要（2010—2020年）》的总体目标也提到2020年要建成学习型社会。

家庭是社会最基本的组成单位。和谐社会需要和谐家庭。构建学习型家庭是家庭建设的重要内容，也是建设学习型社会的重要途径。许多学校开展的书香家庭、亲子阅读等活动，其实都是学习型家庭建设的重要形式。学习型家庭的目标一是家庭能发挥正常的固有功用和历史功能（包括教育功能），使家庭在不同阶段都能得到健康发展，使家庭成员得到成长满足；二是家庭能有效运作家庭关系，有效运用家庭资源，使个人及家庭的潜能得到充分发展，并使家庭有能力、有效力处理压力与危机，使家庭生活有更高的品质。

2. 终身教育。终身教育是指人们一生中所受到的各种培养的总和。终身教育是贯穿人一生的教育，是当代最重要的教育思潮。终身教育理念自

1965年由法国的保罗·朗格朗正式提出以来，在世界各国广泛传播，推动了各国教育的变革与发展。人的一生，从婴儿期、幼儿期、少儿期、青年期、壮年期到老年期，一直都在不断地学习；社会中的每一个人都处于不断的学习状态，生活中的任何一个场所都是学习的场所。它涵盖了社会教育、家庭教育和学校教育，就像一个立体坐标轴，从三个维度标示了学习与人们生存和发展的关系。

家庭教育和终身教育有着统一的内容和目的。终身教育作为人的一种生存方式，以"学会认知、学会做事、学会共同生活、学会生存"为四个基本支柱，强调"学会"二字，是为了培养"全面发展的人"，即培养适应社会、参与社会、能创造出社会价值的全方位的人，在实现个体全面发展的同时推动整个社会的进步。这是终身教育的目的，也是家庭教育内容的具体化。如果把终身教育的过程比作一段旅程的话，那么家庭教育就是这旅程中的第一站，并伴随人的一生。它是人生的启蒙教育，是持续最久的教育，是终身教育的重要一环。在高度科学化、信息化和社会化的时代，在建设学习型社会的大背景下，需要以终身教育的思想去全面认识家庭教育，以终身教育的准则去全面实践家庭教育，以终身教育的精神去全面引领家庭教育。只有这样，家庭教育才会在个体和社会两方面发挥出它应有的作用。

《中国教育研究》指出：未来私人或机构提供的在线学习内容将成为知识的最重要的来源；个人能力将大受推崇，其次是实践能力，最后才是学术知识，学历唯上的规则也将被专业资格认证所撼动；很多人都敏锐地感觉到，终身学习时代已经到来，活到老、学到老已成为必需。这一观点，也得到众多教育专家的认可。多数专家认为，终身教育将贯穿整个职业生涯。

没有终身教育体系，就无法为市民提供终身学习的条件，就不可能建成学习型社会。所以建设学习型社会必须构建终身教育体系，构建终身教育体系的重要路径或者说最好的切入点就是家庭教育。而在家庭教育现状调研中，我们却发现家长的教养方式大多是自发、随意的，缺乏科学的理念、专业的知识能力和正确的教养策略，过度强调学校认知教育的发展，重成绩而轻成长，忽视了人格培养、习惯养成和价值观的形成等方面的教育和约束，冷落了家庭和社会的教化功能，致使家庭和社区的教育功能不能正常发挥，忽视了人的全面发展和终身发展。许多家长处于一种"望子成龙心切，教子成人无方"的状态，在孩子的教育问题上，迷惘、无助、随意，甚至丧失对孩子成长的信心。这种现状不改变，教育的问题就不能从根本上解决。

父母应该是孩子最可信任的朋友，当孩子有困难时，第一时间给孩子恰当帮助的应该是父母。但是，当孩子有烦恼时选择家长为第一倾诉对象的仅为47.33%（见图28），孩子心情不好时有30.67%的家长不能给予及时关爱，最关注孩子的行为习惯和做事方法的仅有38.17%，亲子关系中9.35%的学生认为关系紧张和无奈（见图20），亲子沟通方式中19.92%的学生认为家长是命令式（见图17）。由此可见，家长的教育知识有待普及，教育理念有待更新，很多家长需要专业的、系统的指导和帮助。

家风不仅影响个体的品质和行为，影响家庭和睦和发展，也影响社会的风气与和谐。习总书记说："家庭是社会的细胞，是人生的第一所学校。不论时代发生多大变化，不论生活格局发生多大变化，我们都要重视家庭建设，注重家庭，注重家教，注重家风。"而在调研中发现有44.75%的学生不知道或从没考虑过自己的家风（见图22），35.46%的家长不知道自己的家风（见图39），51.58%的家庭没有家训（见图39）。好家风是好家庭的灵魂，好孩子缘于好家庭，好家庭缘于好家长，好家长缘自与孩子的共同成长。家长应该通过学习，不断提升自身的教养知能，学会尊重孩子，与孩子共同成长。

三、指导思想

1. 融合。融合是指家庭教育、社会教育和学校教育的有机融合，包括教育组织、教育内容、教育方式方法和教育职能的差异性互补。家庭教育注重的是与生活相融合的教育，强调的是品德教育和做人教育；学校教育注重的是学科教学，强调的是系统知识的传授；社会教育注重的是多种资源的整合，强调教化的力量，旨在从单一主体转向多方参与。为此，应该将学校、家庭和社会教育相融合，开展三维一体的家校社共同体建设，通过家长学校、家委会和社区教育学院三种类型的共同体建设，指导家长学会做父母，履行父母职责，扮演好父母角色，引导家长培养学生自立、自强、乐观、上进等优秀的品质和实践、创新等能力，提升学生的核心素养，促进学生的全面发展和终身发展。

2. 超越。遵循从私人空间转向公共领域、从个人问题转向公共议题的路径，实现家长成长的超越。一是超越现有正规教育与非正规教育体制的束缚，创设家庭教育指导共同体，倡导各级各类学校实施面向家长的成人继续教育；二是超越个体经验，形成工作体系，科学系统地开展家庭教育指导工作，帮助家长提升教养知能；三是自我超越，建设学习型家庭，促进家长实现自我成长和发展，提升家庭教育实施水平。因此，应该把家长教育作为家庭教育指导的切入点，通过提高家长的教养知能使家庭教育从个体走向群体，形成学习共同体，提升家长群体的素质，促进社会的文明进步。

3. 自觉。从自发转向自觉，启发家长将自发的家庭影响转化为自觉的教育。家庭教育是一种自发的潜移默化的教育。由于家庭生活是私人领域，具有个体性和情境性，家庭教育在实施过程中往往缺乏系统性和规范性，家长只是基于个体经验，自发地按照生活习惯，不自觉地开展家庭教育。虽然在家庭生活的代际传递中也形成了不少有价值的家风、家训和家规，但是对于大部分家庭和众多家长而言，还没有形成一种教育自觉。我们应当引导家长科学理性地开展家庭教育，通过学习成为自觉的教育者。为此，山东省教科院在省内家庭教育示范基地（实验基地）、教育行政部门、教科研机构、中小学和高校教师共同参与下进行了家庭教育调研，研发了科学的家长教养知能提升课程体系，确定了家长教养知能提升的课程目标——提升家长的教养能力和家庭建设能力，发挥家庭的教化功能，培养学生的家庭观和生活的适应自立能力，促进学生全面、终身发展，推动家庭和谐发展，促进社会文明进步。按照"调研—家长教养能力结构分析—学习内容分类—划分课程模块—课程培养目标界定"五个步骤，分六个学段，以合作共育为路径，从"学生发展+家庭建设+家长教养+合作共育"四模块中梳理出157个主题，构建了螺旋上升的课程内容框架，研发了本土特色的《山东省家长学校课程指南》，并据此分学段开发了《家长手册》、"微课程"和"互联网+教师成长"远程课程等。通过三种形式的共同载体实施课程，采用体验式、活动式等多种教育方式，开展多元主体评价，形成了科学系统的家长教养知能提升的课程体系（见图2）。该体系将家庭内部关系与社会冲突、社会流动、社区建设联系起来，从家庭的自我出发来理解与建构宏大的社会叙事，形成从个体到家庭、社区、社会逐渐扩展的共同体，使终身教育体系的大教育观成为促进社会和谐进步的指导思想。

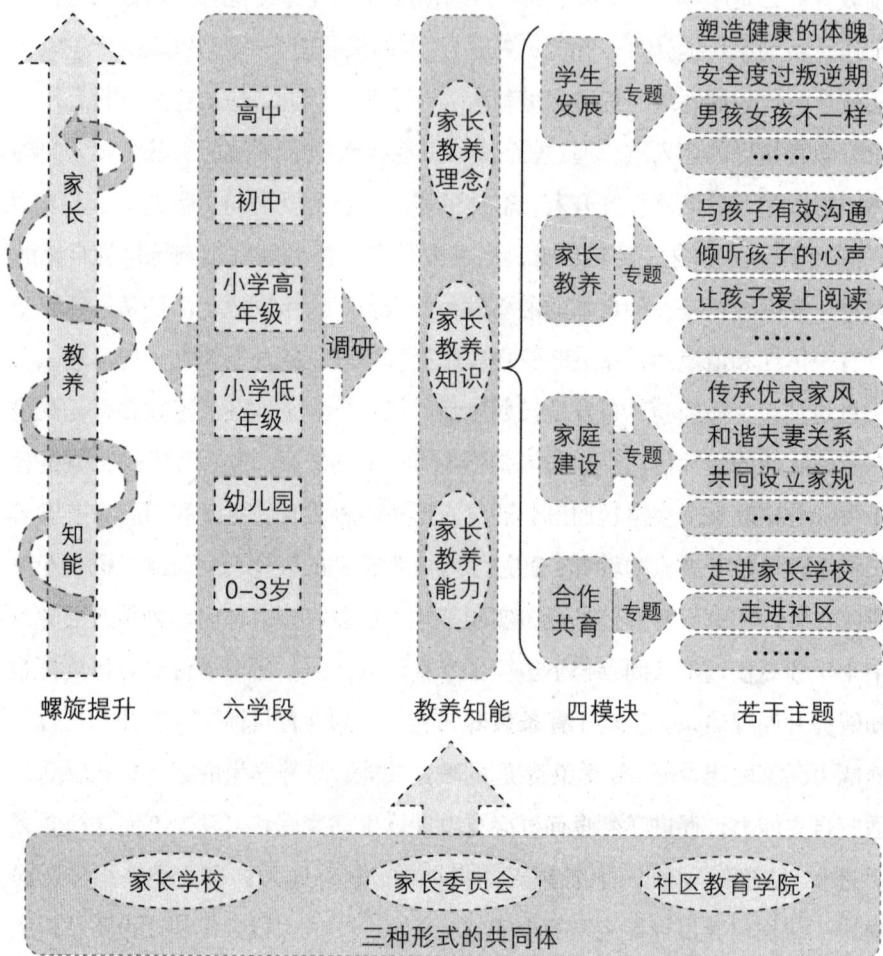

图2 家庭教育指导课程体系框架

四、课题理念

本课题的研究与实验基于家校社融合的重叠影响阈理论。爱普斯坦提出的"重叠影响阈理论"是基于生态学理论和科尔曼的社会资本理论而提出的，倡导建立新型的家校合作关系，从事以"关爱"为核心，以学校与家庭、社区伙伴关系为主要内容的跨学科的研究。该理论认为：家庭、学校和社区这三个背景实际上对儿童以及三者状况之间的关系发生了重叠影响，以孩子为中心，加强家庭、学校和社区的联结互动，有助于孩子学习和社会适应等多方面能力的提高。

爱普斯坦等人研究认为，孩子成长发展所依托的家庭、学校与社区都有相同的目标，承担着共同的任务，它们之间经常进行高质量的沟通和互动。学校、家庭和社区这三种环境对孩子产生重叠影响，将持续地影响不同年龄、年级学生的成长。重叠影响阈理论改变了社会、家庭和学校的影响力次序排列的认识取向，三者在某些方面是重叠影响学生的，而在某些方面是分别影响学生的。因此，社会、家庭和学校对学生的影响力是并存的，正如教育部长陈宝生所说："家庭教育、社会教育、学校教育就像一个铁三角，缺失任何一方都是不稳定的、不全面的。"

依据重叠影响阈理论，针对现代家庭教育中存在的各种问题，聚焦家长的核心素养，从家庭、学校和社区三个领域，提出家校社融合取向的家庭教育理论，组建家校社相融合的育人共同体，开展实践取向的家长教养知能提升探究，构建新的教育生态环境。即从儿童和青少年成长的视角，考虑家庭、学校和社区教育影响的一致性和有效性，从而促进传统文化和科学育人的结合，国际经验与本土行动的结合，家庭、学校和社区共同提升家长教养知能的结合。有条件的社区，可通过购买服务的方式，由社区或社会组织向婚龄男女免费提供自愿参加的系统的家庭教育培训课程，以便更多的准父母们能够有机会提前获得家庭教育知识，最大限度地避免今后在家庭教育方面的错误。市级社区学院的主要职能为业务指导、课程开发、教育示范和理论研究；街道（乡镇）社区学校针对目前家庭教育的现状，举办各种形式的培训和专题讲座；居委（村委）学习点是街道

（乡镇）社区学校的延伸和补充，拓展社区开展家庭教育的覆盖面。中小学校可以开设家庭教育选修课程，对学生进行家庭伦理教育，使学生正确认识家人关系，学会管理家庭，形成正确的家庭观。各级各类学校的家长学校和家委会自行组织建设共同体，作为家庭教育指导的两种重要共同体形式，积极开展家长教育，提升家长教养知能。各级教育部门加强教师家庭教育指导能力的培养，提高教师对家长实施家庭教育和家庭建设的指导能力。

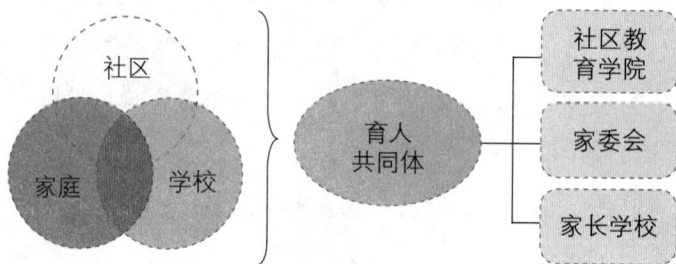

图3　课题理念

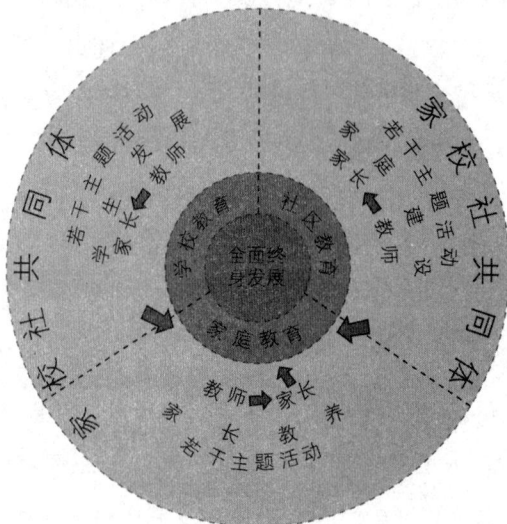

图4　思维导图

第二部分　家庭教育指导课程指南

一、课程性质

1. 方向的一致性。家庭教育指导课程以提升家长教养知能和家校社合作育人水平、促进学生健康成长为最终价值取向，要和学校教育立德树人根本任务相一致，积极弘扬社会主义核心价值观，培养适应社会、参与社会、服务社会的合格公民。

2. 过程的开放性。家庭教育指导课程的实施不囿于固定时空，除学校、家庭范围外，应贯穿于日常生活的各个环节中。

3. 内容的生活性。家庭教育指导课程内容既要符合时代发展要求和认知规律，又要结合实际，从生活中的教养策略、家庭建设、合作育人等领域选择和确定。

4. 方式的多样性。家庭教育指导课程的实施需要家长、教师和学生的积极参与、交往互动，采取多样的呈现方式，体现多类型、多层次、多形式，注重示范性、体验性、活动性。

5. 评价的客观性。家庭教育指导课程评价应客观、全面评价课程实施效果，课程学习者是评价的主体，应以家长的知晓度、认同度、参与度、满意度作为衡量课程质量和成效的根本标尺。

二、课程设计原则

1. 坚持终身教育。不仅为家庭学习者某个年龄段服务，而且要为他们终身发展服务。这种服务贯穿家人生命的全过程，力求达到阶段性和连续性的统一，这是课程建设的基本要求。

2. 坚持全面发展。家庭教育指导课程设计在于促进人的全面发展，这是课程建设的出发点和落脚点。

3. 坚持生活导向。通过生活体验，引导家长指导孩子提高学习、交往、合作等生存能力和社会适应能力。

4. 坚持整体统一。家庭教育指导课程体系设计必须遵循系统论的整体相关性，即部分与部分、部分与系统、系统与环境的整体统一性。

三、课程目标

1. 总体目标

培育和践行社会主义核心价值观，弘扬中华优秀传统文化，遵循人的身心发展规律，提升家长的教养能力和家庭建设能力，发挥家庭的教化功能，培养学生的生活适应能力和自立能力，促进学生全面、终身发展，推动家庭和谐发展，促进社会文明进步。

正确认识家庭和家庭教育的本质，树立正确的家庭教育观念，使家长获得并掌握培养和教育学生的知识与技能；形成对学校、教师以及学生成就的合理期望；建立良好的夫妻关系和亲子关系，家庭功能得以正常发挥；使学生获得正确的家庭伦理观，形成对家庭、亲人的尊重和理解；学会认知，学会做事，学会生活，学会生存；传承优良家风家训；培养学生家庭伦理观念，学会关心家人，形成良好的生活管理能力。

2. 学段目标

（1）婴儿期：指导家长了解婴幼儿身心发展规律和特点，掌握日常养育和亲子交往的科学方法，营造良好家庭环境，形成科学育儿观念；帮助家长解决在家庭教育中的困惑和问题，掌握指导策略，整合多种资源，促进良好家庭教育环境建设；婴幼儿身心状况全面和谐发展，具备良好的生活、行为习惯和个性品质，语言、智力得到启蒙，情绪稳定，建立安全的亲子依恋关系。

（2）幼儿期：指导家长了解并掌握幼儿的身心发展规律和特点，创设和谐、民主的家庭教育环境，激发幼儿学习兴趣，支持幼儿游戏，形成科学可持续的亲子教育观念；帮助家长解决家庭教育中的困惑和问题，为家长提供有效指导，建设学习型家庭。

（3）小学低年级：指导家长了解并掌握小学低年级学生身心发展的规律和特点，选择适合的教养策略，注重言传身教，积极创设学习型家庭；针对家庭存在的家教误区，进行有效沟通与指导，通过活动引导家长参与到学生的学习和生活中，形成教育合力。

（4）小学高年级：指导家长了解并掌握小学高年级学生身心发展的规律和特点，掌握促进学生身心发展和道德习惯养成的基本方法，建设有利于学生成长的家庭文化环境；帮助家长学会做学生成长的顾问；引导家长积极参与家校合作活动，促进家校有效沟通。

（5）初中：了解并掌握初中生的身心发展特点及成长规律，把握青春期孩子易出现的问题及应对策略；提高家教素养及能力，创建民主和谐的家庭环境，构建亲密和谐的亲子关系；积极参与家校共育活动，促进家校和谐共育。

（6）高中：了解并掌握高中生身心发展特点及成长规律，确立现代家庭教育理念和健康教育心态，学习科学家教方法，获得基本的指导技能和方法；提高自身教育素养，创设民主和谐的学习型家庭。

四、课程内容

1. 总体内容

依据家庭教育的宗旨和目标，以生活为中心，以问题为导向，面向家长，按照0—3岁、幼儿园、小学低年级、小学高年级、初中、高中六个阶段，围绕学生不同年龄阶段的身心发展特点、认知需求及家长和家庭的发展任务，从学生发展、教养知能、家庭建设、合作共育等四个领域，拟若干主题，设计课程。学生发展是指家长在了解孩子成长中的身心特点和规律的基础上促进其积极发展。教养策略指家长养育孩子的理念、知识与能力，含特殊家庭的教养策略。家庭建设指家庭成员的角色认同、家人和谐关系构建、生活资源管理技能、家风家训传承等。合作共育指家庭、学校、社会合作育人，含家长学校、家委会、社区活动等。

2.学段内容

（1）0—3岁

婴幼儿发展：

了解0—3岁婴幼儿身心发展的特点并促进其积极发展。本阶段孩子的主要成长特点如下：

① 0—3岁是婴幼儿身心发育最为迅速的时期。身高体重均有显著增长，大脑迅速发育，动作发展呈现自上而下、由躯体中心向外围、从粗大动作到精细动作的发展规律，抬头、坐、爬、站、走、跑、跳等基本动作都已掌握。

② 9—12个月婴儿开始萌发自我意识：15—24个月婴幼儿具有初步的自我意识，意识到自己与他人不同，喜欢用自己的身体探索周围世界，有与人沟通交往的愿望。

③ 0—1岁主要是建立亲子依恋关系；1岁以后表现出一定的交往倾向，有与人沟通交往的愿望，喜欢用自己的身体探索周围世界。

④ 婴幼儿期是语言发展的关键期。1—3岁是学习语言发音的关键期，2—3岁是掌握基本语法和句法的关键期，3岁时基本掌握母语的语法规则系统。

家庭建设：

① 指导家长建立良好的夫妻、亲子、祖辈家庭关系；理性对待隔代教养问题；家庭成员教育观念保持一致性，积极参与亲子教育实践活动，学会亲子交往策略，形成温暖友爱的家庭氛围。

② 指导家长组织开展亲子游戏、亲子阅读、亲子旅游、参观活动、网络学习、电影艺术欣赏等丰富的活动，丰富家庭生活，建设学习型家庭。

③ 指导家长通过父母和祖辈开展有效陪伴活动，多亲吻、拥抱、爱抚孩子，经常和孩子一起游戏、聊天、讲故事，让他们感受到父母和祖辈的关爱。

④ 指导家长通过父母和祖辈有效陪伴活动的开展，在言传身教过程中，建立尊老爱幼、乐于分享、有礼貌等良好家风家教。

教养策略：

① 指导家长了解婴幼儿身心发展特点、规律和关键期，把婴幼儿健康、安全及动作、语言发展放在首位，采取适宜的教养方法促进婴幼儿各方面发展。

② 指导家长学习科学的家教理论知识，掌握科学的教养方法；指导家长从了解家庭、关心家人等角度学习家庭教育基本理论；了解家庭功能，认识到家庭教育的重要性，对家庭教育形成科学全面的认识。

③ 指导家长关注、尊重、理解儿童的情绪，多给予儿童鼓励和支持；学习亲子沟通的技巧，以民主、平等、开放的姿态与儿童沟通；客观了解和合理对待儿童过度的情绪化行为，有针对性地实施适合儿童个性的教养策略；指导家长采用鼓励、表扬等正面强化教育措施，塑造儿童的健康生活方式。

④ 养成良好的生活习惯、学习习惯等行为习惯，顺利度过入园期。为孩子提供卫生、安全、舒适、充满亲情的日常护理环境和充足的活动空间，让婴幼儿在丰富、适宜的环境中形成良好的生活、学习习惯；了解幼儿入园阶段易出现的问题，掌握应对策略，适时送孩子入园，开始集体生活。

合作共育：

① 引导孩子正确地与亲朋好友、左邻右舍沟通交往，建立良好的人际关系；指导家长经常带孩子参加亲朋好友聚会和一些适宜孩子的社会活动，经常邀请小伙伴来家里玩或者鼓励孩子到小朋友家去做客，让孩子有机会接触各种不同的人和事，引导孩子理解别人的感受，在孩子交往的过程中家长相互分享经验，解答疑惑；指导教师营造更多的机会引导家长加强交往，组织分享，归纳总结突出问题，并给出指导意见。

② 指导家长充分利用社区资源，了解社区服务事项，带孩子走进社区，开展社会实践活动，积极参加社会公益活动。

（2）幼儿园

幼儿发展：

了解3—6岁幼儿身心发展的特点并促进其积极发展。本阶段孩子的主要成长特点如下：

① 身高、体重、神经系统机能等方面获得长足发展，大肌肉的发展已能保证幼儿从事各种简单活动，动作技能、手眼协调能力快速发展中。

② 词汇量迅速增长，言语不断丰富，可自由地与他人交谈，是熟练掌握口头语言的关键时期。

③ 从直觉动作思维初步发展到具体形象思维；对需要的、感兴趣的、生动形象、变化多、活动性大的事物容易注意，在同一时间里往往只能注意一个目标或一件事情。

④ 开始主动寻求伙伴，喜欢和同伴共同参与一些活动；会出现一定的侵犯行为和亲社会行为，侵犯行为以身体攻击为主；形成性别认同，逐步理解性别的坚定性。

⑤ 开始能进行自我评价，产生自尊的萌芽；开始形成最初的个性倾向。

⑥ 以游戏为主导活动。游戏的形式从模仿性游戏逐渐发展到角色游戏和表演游戏；游戏的内容从熟悉的日常生活逐渐扩大到生产劳动和社会生活的各个方面。

家庭建设：

① 指导家长关注家庭教育对幼儿的重要影响，树立正确的家庭观；从了解家庭、关心家人等角度学习家庭教育基本理论，了解家庭功能，掌握科学的教养方法。

② 指导家长创设温馨和谐民主的家庭氛围，建立良好的夫妻、亲子和祖辈家人关系，形成孩子积极稳定的情绪，让孩子能够主动和自信地应对未来生活；理性对待隔代教养问题；与孩子共设家规，言传身教，形成良好家风；倡导家长营造家庭学习氛围，打造学习型家庭。

③ 指导家长创设健康科学和丰富多彩的家庭生活，促进孩子全面发展；组织开展亲子会、亲子阅读、亲子旅游、参观活动、网络学习、电影艺术欣赏等活动，在互动中进一步促进幼儿的良好发展。

④ 指导家长建立良好家教和家风。通过开展父母和祖辈的有效陪伴活动，在言传身教过程中，建立尊老爱幼、乐于分享、有礼貌等良好家教家风。

教养策略：

① 指导家长通过学习《3—6岁幼儿学习与发展指南》《儿童发展心理学》《教育心理学》《幼儿园工作指导纲要（试行）》等书籍和文件，了解幼儿的身心发展特点、规律、关键期，建立正确的育儿观、儿童发展观，掌握适当的教育方法，引导幼儿按照自身的节奏和方式学习发展。

② 指导家长掌握与幼儿沟通的技巧，实现有效陪伴。通过经常性的亲吻、拥抱和爱抚孩子，做孩子的伙伴，平等参与，不过分干预，经常和孩子一起游戏、聊天、讲故事，让孩子感受到父母的关爱。

③ 指导家长注重教养孩子的方法，用科学的方式方法支持孩子的学习与发展，反思和转变自己不科学的教育观念和行为，建立合理的教育期望，理性看待孩子的成长。

④ 指导家长了解幼儿入园和幼小学段衔接阶段易出现的问题，关注心理适应，避免超前知识教育，掌握应对策略，教育幼儿养成良好的生活习惯和学习习惯，顺利度过衔接期。

合作共育：

① 指导家长了解幼儿园的作息规律、课程内容和学习特点，积极参加家长委员会和家长学校的活动，定期分享家庭教育经验，配合教师的家访工作，充分发挥各行各业家长的职业优势，鼓励他们参与家长志愿者活动，家园共同促进幼儿发展。

② 引导家长教育孩子正确与亲朋好友、左邻右舍沟通交往，建立良好的人际关系；经常带孩子参加适宜孩子的社会活动，让孩子接触各种不同的人和事，引导孩子初步理解别人的感受，并在交往中与家长分享交流，以建立良好的人际关系。

③ 指导家长带领学生走进社区，积极参与社会实践。充分利用社区资源，了解社区服务事项，积极参加社会公益活动。

（3）小学低年级

学生发展：

了解小学低年级学生的心理发展特点并促进其积极发展。本阶段学习活动逐步取代游戏活动成为学生主要的活动形式。本阶段学生的主要成长特点如下：

① 外部学习动机占主导地位，采用合理奖赏、及时反馈、定期考查、适度竞争等教育方式，可激发强化其学习动机；对学习的过程、学习的外部活动更感兴趣；教师对待学生的态度是影响其学习态度的主要因素。

② 能聚精会神地注意某一事物的稳定时间是10—15分钟；注意的范围小，分配能力差，不能边听边记；书写速度慢。

③ 以具体形象思维为主。思考问题时离不开实物的具体形象，如计算和数数要借助手指或木棒等。

④ 情绪具有外显性。喜怒哀乐易从表情上反映出来，受到表扬喜笑颜开，受到批评垂头丧气或闹脾气。

⑤ 自我评价以他人的评价为主要参照；开始意识到他人有不同的观点，但难以理解这种差异产生的原因；相较于行为动机，更多从行为后果来对他人的道德行为进行评价。

家庭建设：

① 指导家长教育学生认识家庭，了解家人关系，营造和谐的家庭环境；夫妻双方共同参与家庭教育，营造亲密的家庭成员关系，有质量地陪伴学生成长；掌握二孩、多孩背景下的亲子沟通策略，开展丰富的亲子活动。

② 指导家长争做爱岗敬业、热心公益、弘扬美德的典范，掌握正确对待和处理家庭问题的方法，增强学生在家庭中的安全感；树立以德治家的理念，引导家庭成员主动养成健康文明的生活方式，构建幸福美好家庭。

③ 指导家长树立家庭教育先进理念，充分发挥家长的榜样示范作用，建设学习型家庭；指导家长营建轻松的阅读氛围，建立家庭书房，通过亲子日记等方式培养学生初步养成热爱阅读的习惯。

④ 指导家长创设家庭劳动环境，教会学生参与家务劳动，培养学生良好的卫生习惯，学会合理管理零用钱。

教养策略：

① 指导家长了解学生身心发展特点、规律，掌握促进小学生体质健康、心理和体能发展的基本方法，科学安排学生的膳食，培养学生良好饮食习惯，陪伴学生参加适合自身发展的体育项目，培养良好的作息习惯。

② 指导家长了解幼儿园与小学衔接和小学中年级等关键阶段需要注意的问题，能够灵活运用科学策略缓解一年级学生入学、低年级学生自我认知等突出问题。

③ 指导家长帮助学生初步认识生命，帮助学生形成热爱生命、珍惜生命、呵护生命的意识；指导家长全面了解自护自救系列举措，教育学生学会居家出行的自我保护知识及基本的生命自救技能。

④ 指导家长尊重学生，学会倾听，并科学合理地回应学生，让学生学会自尊，建立自信；教育学生学会与人交流及合作的能力，培养学生使用基本的文明礼貌用语；通过科学有效的道德体验活动，让学生学会尊敬师长，孝敬长辈，懂得感恩，遵守社会公德。

⑤ 指导家长创设良好的学习环境，培养学生的学习兴趣，养成良好的学习习惯，初步形成自我管理的能力；指导家长理性选择特长班、兴趣班，营建轻松的家庭学习氛围，通过言传身教培养学生良好的阅读习惯；指导家长保护学生的专注力，培养良好的注意品质，帮助学生养成良好的学习习惯。

合作共育：

① 吸引家长走进家长学校，通过采取家长影响家长、教师指导家长等形式，定期分享家庭教育经验，学习科学的亲子沟通策略及和谐夫妻关系建造路径，帮助家长了解促进小学生的认知、情感和社会交往发展的方法；指导家长营造健康和谐的家庭环境，主动成长；通过广播电视、网络等多种形式学习优秀家庭的事迹及开展家庭教育的经验交流，教育学生养成乐观的生活态度和关心父母长辈的习惯。

② 指导家长了解家委会的职能和运行机制，帮助家长成立家委会并有效开展工作；指导家委会组织丰富多彩的亲子活动，培养学生积

极参加集体活动的意识，学会与同伴相处；通过家委会平台，引导家长积极参与学校育人过程，积极配合教师的家访工作，提高家长家校合作的能力。

③ 指导家长带领孩子一起参与社区志愿服务工作，开展保护社区环境、照顾孤寡老人等活动，共同参与社区组织的读书、健身、安全教育宣传、慰问等活动，丰富学生社会体验；指导家长树立志愿者精神，带领学生参与各类社会志愿服务活动。

（4）小学高年级

学生发展：

了解小学高年级学生的心理发展特点并促进其积极发展。本阶段学生的主要成长特点如下：

① 外部学习动机依然占据主导地位，内部学习动机处在不断的发展过程中。从对学习的过程和外部活动感兴趣，逐渐向对学习的内容和学习作业更感兴趣发展；逐渐产生对不同学科内容的初步分化性兴趣；对社会生活的兴趣在逐步扩大和加深；逐渐学会使用有效学习策略，策略使用具有不完善、不稳定和刻板的特点。

② 聚精会神地注意某一事物的稳定时间是20分钟左右，阅读时一次能看到整个句子以及各句之间的联系，书写比较熟练。

③ 从具体形象思维逐步过渡到以抽象逻辑思维为主要形式，但这种抽象逻辑思维在很大程度上仍然与感性经验相联系，仍然具有很大的具体形象性。

④ 情感开始由外露性向内倾性转变，情绪不再完全表现在外，开始可以控制自己的情绪。

⑤ 自我评价由"他律"向"自律"发展，开始独立地把自己的行为和别人的行为加以比较；开始从对表面行为的认识转向对内部品质的深入评价；能考虑自己和他人的观点，并预期他人的行为反应。

⑥ 交往的重心由父母向同伴转变，在交往中强调相互同情和相互帮助，认为忠诚是朋友的重要特征，朋友关系比较稳定。

家庭建设:

① 指导家长营造和谐的家庭环境，营造亲密而独立的家庭成员关系；夫妻双方保持家庭教育的目标一致性，做到不缺席、不越位；和孩子一起制定并遵守家庭规则，开展丰富的亲子活动，学会处理各种家庭冲突，引导学生初步形成积极的家庭观。

② 指导家长学会言传身教，发挥其在家庭中的核心与主导作用，与家庭成员共同成长，引导家庭成员养成健康文明的生活方式；学会正确对待和处理家庭问题，增强学生在家庭中的责任感和幸福感，引导学生参与建设文明和谐家庭。

③ 指导家长不断反思家教行为，充分发挥榜样示范作用；营建轻松的阅读氛围，亲子共读共成长，使学生养成热爱阅读的习惯。

④ 指导家长教育学生积极面对困难，有效解决学生在劳动和卫生等生活习惯培养中出现的问题，使之形成较好的自我管理能力。

教养策略:

① 指导家长针对学生身心发展特点和规律，掌握促进学生营养、身心健康和体能发展的基本方法；关注学生身心发展在成长中的重要意义，了解营养配餐知识，科学安排学生膳食，培养学生健康的饮食习惯和良好的运动、作息习惯，定期陪伴学生积极参与体育锻炼。

② 指导家长深入理解生命概念，带领学生认识自然界的生命现象，帮助学生形成热爱生命、珍惜生命的意识；指导家长全面了解自护自救系列举措，教育学生掌握居家出行的自我保护知识及基本的生命自救技能。

③ 指导家长尊重学生，学会倾听，并科学合理地回应学生，让学生学会自尊，建立自信；教育学生学会与人交流及合作，培养学生使用基本的文明礼貌用语；通过科学有效的道德体验活动，让学生学会尊敬师长，孝敬长辈，懂得感恩，遵守社会公德。

④ 指导家长创设良好的学习环境，培养学生的学习兴趣，形成热爱阅读的良好习惯；保护学生的专注力，帮助学生制订具体的学习目标，激发学习兴趣，培养勤奋品质，正确对待考试成绩。

⑤ 指导家长关注从小学进入初中的衔接和青春前期等关键阶段，缓解高年级学生前青春期出现的焦虑和急躁等突出问题，把握有效应对策略，培养学生身心健康意识。

合作共育：

① 引导家长走进家长学校，通过家长影响家长、教师指导家长等形式，定期分享家庭教育经验，指导家长主动学习，不断成长；通过广播电视、网络等多种形式宣传优秀的家风、家规、家训，指导家长掌握有效沟通的技巧，帮助家长设计多种促进亲子关系的方案，以达成学生遵守家规和传承家风的目标。

② 指导家长参与家委会各项活动，落实家委会知情权、建议权和监督权；建立家委会工作机制，逐步形成"尽力而为"和"量力而行"的合作共育文化；帮助家长提升家委会工作实效，推进家长在合作共育中的互敬互动。

③ 指导家长率先垂范，帮助学生策划、组织社区志愿服务工作，开展保护环境、关爱弱者和培养学生公民意识、服务能力的活动。

（5）初中

学生发展：

了解初中学生的身心发展特点并促进其积极发展。本阶段学生处于青春期，其主要成长特点如下：

① 青春期是一个人生长和发育的重要时期，伴随着第二性征的出现，女孩全身发育迅速，逐步向成人过渡，男孩也正处于生长发育的最佳时期，身体迅速长高，体重增加迅速。各种内脏器官的机能日趋成熟；大脑也开始迅速发育，智力快速发展，分析能力、思考能力、辨别是非能力等明显提高。

② 心理上的成人感及幼稚性并存，表现出种种心理冲突和矛盾，具有明显的不平衡性。

③ 自我意识开始觉醒，独立性增强，希望得到他人的承认和尊重，希望摆脱成人的约束，渴望独立，具有较强的反抗意识。

④ 情绪发展具有半成熟、半幼稚的矛盾性特点，情绪的类型和表现形式较为丰富，但情绪体验较不稳定。

⑤ 重视同龄人之间的交往，朋友关系对于他们的心理发展和情绪稳定发挥重要作用。

⑥ 性意识开始萌动，性别角色开始深化。

家庭建设：

① 指导家长了解家庭、家庭功能和家庭经营与管理等知识，建立和谐夫妻关系，正确处理家人关系，掌握创建和谐快乐的家庭氛围的有效方法。

② 指导家长学会尊重、信任学生，建立和谐的亲子关系；帮助家长设计多种亲子活动方案，创设健康民主的家庭环境，促进学生自主发展、快乐成长。

③ 指导家长了解科学合理家规的具体内容、制定方法和实施策略，与学生共设家规，培养学生的规则意识和生活管理能力。

④ 指导家长学会陪伴学生，与学生共读、共娱、共学，了解学习型家庭的内涵和创设的具体方法、途径，创建和谐的学习型家庭。

教养策略：

① 指导家长正确认识青春期学生的身心发展特点、规律、关键期，掌握适合的教育方法；把握青春期学生易出现的问题及应对策略，教育引导学生以正确的方法宣泄自己的不良情绪，帮助学生平稳度过青春期；把握小学升初中的衔接和逆反期易出现的问题，并能掌握正确的应对策略。

② 指导家长掌握科学的家教理论知识和教育方法，注重以身作则，言传身教，立德树人；把握学生正确人生观和价值观的定位及形成策略，教育学生形成正确的人生观和价值观，引导学生初步形成心怀感恩、诚信待人、勇于担责等品质。

③ 指导家长掌握与青春期学生进行科学、有效沟通的系列技巧，提高家教素养，调整心态，尊重学生，倾听学生心声，学会恰当表扬和巧妙批评，实现与学生的有效沟通。

④ 指导家长了解学生良好的学习态度和学习习惯的内涵，掌握学生

良好学习品质的养成方法和学习心态的培养技巧；指导家长关注学生的学习过程，与学生共同制订学习计划，帮助学生养成践行计划的好习惯；引导家长培养学生乐于合作、勤于思考、高效作业等良好习惯，以及从容应考、自我反思等良好心态。

合作共育：

① 引导家长走进家委会，关心学校和教师发展，参与育人过程，形成家校合作育人共同体；指导家长拓展教育空间，为学生搭建历练平台，开展研学旅行、志愿服务等亲子活动；指导家长发挥自身特点和职业优势，主动担当家长教师，积极参加家长志愿者活动，携手家校共建。

② 引导家长走进家长学校，学习家庭教育知识，定期分享家庭教育经验，提升教养能力，落实家庭教育的家长主体责任；指导家长了解民族经典，弘扬传统文化；指导家长教育学生关心国家大事，培养孩子的爱国情怀。

③ 指导家长带领学生走进社区，积极参与校外活动，提升个人素养，培养社会公德，做明礼、善读、博爱、高雅之人。

（6）高中

学生发展：

了解高中学生的心理发展特点并促进其积极发展。本阶段学生处于个体发展阶段的青年早期，其主要成长特点如下：

① 思维更加具有预计性，形式逻辑思维处于优势，辩证逻辑思维迅速发展。

② 自我意识获得高度发展，要求独立的愿望日趋强烈，要求别人了解、理解和尊重自己；但也会出现自我与社会的冲突，遇到挫折容易出现消极情绪。

③ 在情绪情感方面，以外显为主向以内隐为主发展。

④ 处在确立和调整自己价值观的过程中，尚缺乏稳定性，还容易因外界环境的影响而改变对社会及人生的看法，改变自己的价值取向。

⑤ 基本上能与父母或其他成人保持一种肯定的尊重的关系，反抗性成份逐渐减少。

⑥ 对社会各方面的关心程度增强，有一定的评价能力，并逐渐转化为决定自己行为的动机；对权利的需求多于对自身的义务、责任和实际行动的需求。

家庭建设：

① 指导家长建立恩爱和谐的夫妻关系、民主平等的亲子关系，掌握亲子沟通技巧，营造温馨、和谐、民主的家庭氛围。

② 指导家长与孩子一起平等地讨论家庭事务，并共同分担家庭事务，逐步建立现代家庭；引导孩子学会感受亲情、关爱家人，培养家庭成员的爱的能力。

③ 指导家长建立家规、家训，培养优良家风，教育引导学生传承良好家风；指导家长教育学生学会家庭生活管理，丰富家庭生活，引领家庭成员养成健康文明的生活方式，形成积极的生活态度。

④ 引导家长开展家庭文化建设，营造家庭学习氛围，建立学习型家庭。

教养策略：

① 指导家长全面了解学生的身心发展特点、规律，进行亲职教育，明确父亲、母亲在家庭教育中的角色扮演与担当。

② 指导家长通过学习更新与完善知识体系，掌握家庭教育的知识与技能，提升家长的科学文化素养、道德素养、传统文化素养、法治素养、心理素养、信息素养、家庭教育素养等综合素养，注重自我成长，为进一步指导学生发展奠定基础。

③ 指导家长给予孩子必要的情感认同和情感支持，有效指导孩子学会危机处理；指导家长教育学生科学、合理运用各种媒介；帮助家长设计家庭教育活动，提升家长的家庭教育能力。

④ 指导家长建立合理的教育期望，理性看待学生的学业与成长，建立正确的亲子观和成才观。

合作共育：

① 指导家长自觉、积极地参加家长学校培训学习，了解并掌握家庭教

育基本知识与技巧，提升家庭教育理念与水平；了解初中入高中的科学衔接，帮助学生树立积极、正确的心态以适应新的学习生活，做好入学适应准备，培养学生适应能力。

② 指导家长确立家校共育意识，积极参加家委会建设，定期分享家庭教育经验；主动参与教育教学活动，积极参与家长课程建设，主动担任家长教师，积极参加家长志愿者活动，携手家校共建，与学生一起成长。

③ 指导家长带领学生走进社区、走向社会，到公共服务机构开展公益活动，进行志愿服务；开展游学、研学等教育实践活动，丰富学生社会体验；增强家校社共育意识，积极参与社区工作，与学生一起成长，促进学生的社会性发展。

五、课程实施

1. 基本原则

（1）理论与实践相结合。处理好理论学习与实践活动的关系，突出家庭教育理论对实践的指导意义，帮助家长结合实际深刻理解家庭教育理论，提高家庭教育的有效性。

（2）普遍性与特殊性相结合。家庭教育的基本结构和规律具有普遍性，不同家庭背景下的家庭教育又具有特殊性，应把家庭教育的普遍性和特殊性辩证地统一起来。一方面认识和把握家庭教育的普遍规律，另一方面针对特殊家庭的不同需求进行个别指导。

（3）校内与校外相结合。学校应充分发挥对家庭教育的引领和指导作用，同时，加强与社区、政府部门、家庭教育专业机构的合作，整合校内外的教育资源，形成助推课程实施的整体力量。

（4）专家引领与自我教育相结合。在课程实施中，既要重视发挥专业人士的专业指导优势，又要发挥家长引领家长、家长教育家长的自我教育作用，定期组织家长开展家庭教育经验分享活动。

2. 教学建议

（1）注重课程整体目标的实现。树立科学的教育理念，以实现学生的全面发展为目标，指导家庭教育活动的开展。

（2）积极开发课程资源。充分利用家长手册、活动手册等文本资源，积极开发丰富多样的社会资源和案例素材等资源，利用现代化媒体资源，满足教学的需求。

（3）采用灵活多样的教育教学方式。注重体验式、活动式教学法，做到因材施教。

（4）科学评价。包括对课程实施单位、课程内容和课程效果的评价等，采用多元主体评价，通过专家评议、实践检验等方式提升评价的科学性，发挥评价的反馈调节功能。

（5）彰显家长学校课程的齐鲁特色。山东是具有优秀历史传统文化的大省，具有悠久的家庭教育文化渊源和丰富独特的家庭教育资源。课程的实施，应努力打造具有齐鲁特色的家庭教育指导课程体系。

六、实施管理

1. 制度建设

各市、县（区、市）教育行政部门应该把《课程指南》的实施作为落实家庭教育指导工作的重要举措，切实加强对行政区域内家长学校工作的管理与指导，建立健全家庭教育工作机制，把家庭教育工作作为中小学（幼儿园）综合督导评估的重要内容。

各中小学（幼儿园）应该结合实际，制定系统的家长学校课程方案，并将家长学校课程纳入学校课程体系，开通家长委员会、家长学校、家访和社区家长学堂等各种家校沟通渠道，保证课程实施的系统性和规范性，丰富家庭教育课程资源，促进家庭教育工作专业化。学校安排的家庭教育指导要计入教师教育教学工作量。

2. 队伍培育

各市、县（区、市）教育行政部门及中小学（幼儿园）应该认真落实《课程指南》，加强家庭教育工作队伍的培育，重视人员数量、质量和课程实施实效性的管理，逐步建成以校长（园长）、中层干部、班主任、骨干教师为主体，专家学者、社区教育工作者和优秀家长共同参与，专兼结合、具备较强指导能力的家庭教育工作队伍。

3. 经费保障

各市、县（区、市）教育行政部门及中小学（幼儿园）应该将家长学校课程实施纳入经费预算，加大经费投入，确保《课程指南》落实到位。积极争取政府统筹安排相关经费，广泛动员社会力量，多渠道筹措经费，为家长学校课程实施提供经费保障。

附录一

<h2 style="text-align:center">家庭教育指导主题活动范例一览表</h2>

学段	模块	主题活动范例
0—3岁	婴幼儿发展	母乳喂养减少生病；三浴锻炼身体健壮；吃、喝、拉、撒耐心培养；规则意识从"小"养成；阶段发展应该熟知；情绪稳定建立安全感
	教养策略	育儿分工各有侧重；母亲的主要职责；父亲的主要职责；祖辈位置要摆正；家庭氛围和睦友好；长幼有序；民主和谐；良好的家风；亲子陪伴很重要；亲子阅读；亲子游戏
	家庭建设	给孩子适度的爱；做好"良师"与"益友"；教育理念与时俱进；读懂孩子；会跟孩子玩；榜样示范最为重要；情商培养从控制情绪开始；礼仪教育开始启蒙
	合作共育	邻里串门学习交往；社区资源充分利用；参与各种社区活动
幼儿园	幼儿发展	成长密码；热爱运动；发展语言；学会交往；良好习惯；尽快适应幼儿园；遵守规则；安全自护；个性发展；幼小衔接；自己的事情自己做；游戏是基本活动
	教养策略	和孩子共同成长；身教重于言教；放手但不放任；亲子沟通；保护专注力；给孩子适度的爱；保护自尊，培养自信；大手小手祖孙情
	家庭建设	和谐的夫妻关系；健康的家庭氛围；家人责任分工；共同迎接新成员；隔代教养利与弊；创建学习型家庭；优良家风家训；好家庭缘自好家长
	合作共育	家园共育利成长；走进家长学校；参加家委会；亲戚邻里常走动；社区资源利用好

学段	模块	主题活动范例
小学低年级	学生发展	儿童认知规律；思维发展规律；孩子说谎的真相；性别教育；珍爱生命；身心健康；热爱生活；团队合作；融入班集体；为他人喝彩；良好习惯；规则意识；管理时间；今日事今日清；拘小节方成大事；为人做事讲诚信
	教养策略	帮孩子度入学关；乐观的孩子更幸福；成长比成绩重要；给孩子成长空间；给孩子说话的权利；做个"听话"的家长；生命没有彩排；做控制情绪的家长；延迟满足也是爱；教育是慢的艺术；正确运用赏识教育；让孩子在错误中成长；揠苗助长不可取；慎重选择校外班；榜样力量无穷大；家务劳动有分工；红脸黑脸同时教子效果差；物质奖励要适度；家长驻校参与学校管理；学会与老师沟通
	家庭建设	我家的晚餐时光；爸爸下班的路是回家；陪爸爸玩儿时的游戏；妈妈的唠叨是伤害；管理好自己的情绪；妈妈不放弃自我成长；夫妻和谐是教育；由"阅读"到"悦读"；晒晒亲子日记；悦纳家庭新成员；走进孩子朋友圈；鼓励孩子追梦想；应对家庭危机
	合作共育	走进家长学校；学会与老师沟通；参加家委会；亲子社区活动
小学高年级	学生发展	男孩女孩不一样；接纳自己的个性；认识社会规则；提高辨别能力；正确表达需求；同学相处技巧；尊重他人劳动；感恩师长；分担团队责任；思考之后再承诺；保护专注力；锻炼综合能力；体验父母职业
	教养策略	发现孩子的闪光点；帮助孩子树立自信；自我管理能力；真诚赞赏；科学正面管教；保留父母的权威；自强中体验成功；深度参与家务劳动；精心设计出行计划；选择推荐合作机会；指导助推融入团队；学习处理合作关系；公正对待每个孩子；在对话中学会沟通
	家庭建设	理清家族成员关系；祖孙共学；传承优良家风家训；把配偶放在首位；细心保存家庭档案；坚持亲子共成长；尊重儿童基本权利；用阅读、观影充实生活；一起参与公益活动
	合作共育	做家长学校好学生；家校共育同盟军；家校沟通有策略；研学旅行真快乐

学段	模块	主题活动范例
初中	学生发展	性教育；青春期特点；自我认同；良好品格；与异性交往；与人合作，融入集体；独立但不极端；叛逆与逆反怎么办
	教养策略	给孩子信任和自由；倾听并讨论问题；关注并帮助孩子度过青春期；巧妙批评与恰当表扬；帮助孩子学习；帮孩子纠正偏科；引导孩子合理使用网络；如何言传身教；与书为伴，奠定精神底蕴；夫妻关系要和睦；走进学校；支持老师；服务社区
	家庭建设	和谐亲子关系；传承优良家风；与孩子同设共遵家规；学会陪伴，与孩子共成长；亲子共读共建书香家庭；隔代教养的得与失；亲子冲突怎么办
	合作共育	家校沟通的方法与策略；积极参与家校共育活动；扮演好家委会角色；带孩子服务社会
高中	学生发展	强健体魄；珍爱生命；远离邪恶；正确的性别认知；健康的性观念；认识自我；学会自我管理；学会合作；学会分享；勇于担当；抗挫折能力；学会异性交往；和谐的人际关系
	教养策略	言传身教；尊重孩子；抵制网络诱惑；远离校园暴力；以平常心对待升学；科学的记忆方法；正确的消费与理财理念；社会适应能力；特长发展与职业生涯；理想信念与人生规划；家校社合作共育；与老师沟通；传统文化素养；社区志愿与公民意识
	家庭建设	家规共制定；家训需铭记；家风需传承；家是生活的乐园；家是温馨的港湾；共建学习型家庭；共建民主型家庭；转换父母角色
	合作共育	走进家长学校；走进家长委员会；陪孩子走向社会；社区是亲子共成长的乐园；好家长要尊师重教

附录二

山东省教育系统家庭教育调研报告

第一章 研究对象及方法

家庭教育贯穿人的一生，是终身教育体系的重要组成部分，又是一项社会系统工程。新时期家庭教育面临新形势和新挑战，为更加科学有效地实施家庭教育，我们组织了本次家庭教育调研，梳理出学生发展、家长教养、家庭建设、家校共育等诸多问题和建议，为准确把握当前山东省家庭教育的现状，深入推进家庭教育提供决策依据。

一、研究对象

本研究以学生、家长、教师和校长（园长）为调研对象，从全省教育系统遴选出39个家庭教育实验基地和492个家庭教育示范基地，通过问卷和访谈的方式，在全省531个单位中组织了家庭教育专项调研。共收到学生问卷18489份、家长问卷34869份、教师问卷1943份、校长（园长）问卷207份。（见图5）

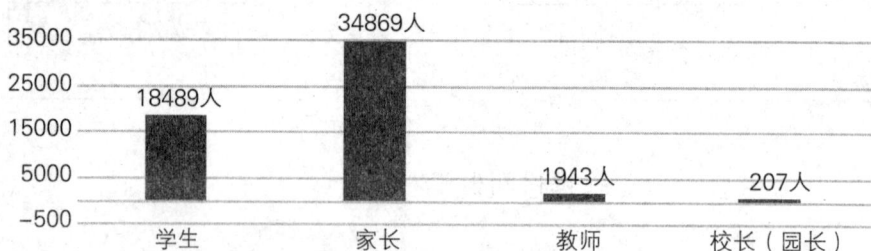

图5 调研对象情况

二、研究方法

本研究广泛参考查阅了国内外相关文献，总结了现有研究成果，从学生、家长、教师和校长（园长）四个层面，分别梳理出近60个客观性重点问题，编制了调研问卷，针对家庭教育的热点、关键问题编制成主观性访谈提纲。为确保调研问卷和访谈提纲的信效度，进行了模拟调研，在此基础上进一步完善形成了"山东省中小学（幼儿园）家庭教育调研问卷"和"山东省中小学（幼儿园）家庭教育访谈提纲"。在各地市报送的正式材料中提取了八个方面的可靠数据，作为调研工作佐证材料，包括个人基本信息、生活环境、教育观念、教养知能、家庭建设、合作共育等，保证了调研的科学性和可操作性。

以山东省39个家庭教育实验基地、492个家庭教育示范基地为单位进行施测，借助"问卷星"获取数据。问卷对象一个月内借助"问卷星"完成四类试题的填报、提交；访谈主持人按照要求，借助访谈提纲按时完成访谈并如实提交访谈报告；组织专业人员借助从"问卷星"中提取的数据进行统计分析，结合访谈报告对所获信息予以论证。

第二章　家庭教育工作基本情况

改革开放以来，特别是近十年来，山东省的家庭教育得到了长足发展，在家庭教育的政策制度、人员编制、队伍建设、运行体系等方面效果明显。

一、家庭教育工作推进机制情况

2017年5月，山东省教育厅成立了家庭教育专家指导委员会，指导并推进全省家庭教育工作。17个市均建立了政府统筹、部门协作、社区参与、学校主导、家庭主体的家庭教育工作机制，均有教育行政部门联合有关部门和社会团体建立的协同推进机制，参与部门团体数量3—23个不等；14个市成立了中小学家长委员会联合会；17个市均有家庭教育总协调员，全省共有中小学幼儿园26426所，协调员共25747人。各市都将家庭教育纳入教育发展督导考核评估范围，并要求辖区内各县（市、区）将该项工作纳入对中小学、幼儿园的教育发展督导考核评估范围。（本章数据来源：山东省教育厅基教处）

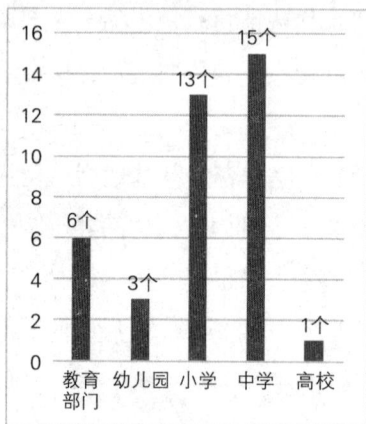

图6　家庭教育示范基地情况

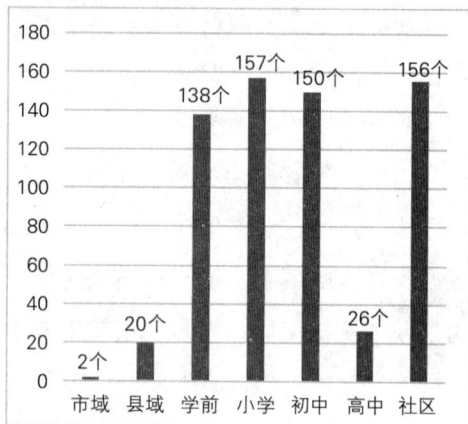

图7　家庭教育实验基地情况

二、家庭教育工作经费情况

2017年，全省有10个市将家庭教育工作经费列入财政预算，共投入2632.82万元，其余7个市用于家庭教育经费2063.78万元，总计4696.6万元；全省17个市支持科研机构、非营利性组织、社会团体、公民个人等社会力量捐助、参与家庭教育工作。

三、家庭教育工作队伍建设情况

山东省教科院继续教育研究所的主要职能之一即为家庭教育研究及家庭教育指导教研。17个市均建立了家庭教育专业研究团队，各中小学校、幼儿园共有16149个专兼结合的家庭教育骨干教师；均将家庭教育教师年度培训列入培训计划，共培训179853人次；全省共190639

名志愿者参与家庭教育工作；山东省家庭教育专家指导委员会暨教育学会家庭教育专业委员会启动了家庭教育指导优秀校长（园长）及骨干教师培育工程，通过一年的培育，引领首批231名校长（园长）和342名骨干教师的专业成长。

四、家委会、家长学校建立情况

各市共建立校级家委会24416个，占所有园校总数的92.39%；学校、年级、班级三级家委会全覆盖的学校数量为22397所，占所有园校总数的84.75%。全省17个市都要求辖区内中小学、幼儿园将家庭教育纳入学校工作年度计划，共设立家长学校26050所，占所有园校总数的98.58%；为家长提供指导服务和咨询服务的学校有23551所，占所有园校总数的89.12%。（见图8）

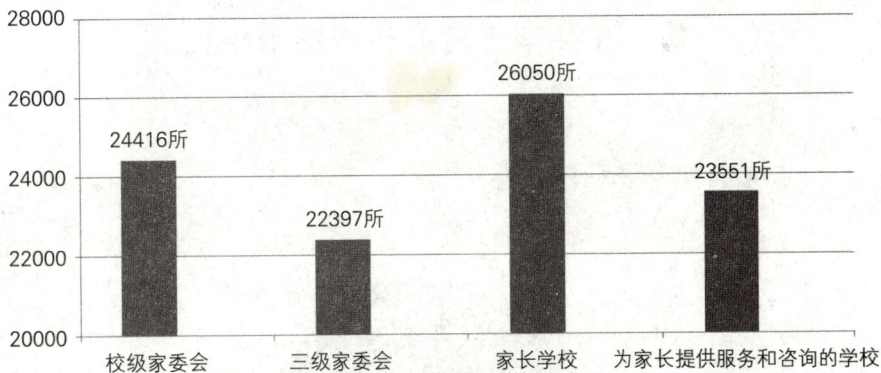

图8　家委会、家长学校建立情况

五、家庭教育科学研究情况

全省家庭教育研究共开发家庭教育研究课题4199个，列为市级的课题总数940个，列为省级课题1392个（含省教育学会家庭教育专项课题870个）。（见图9）

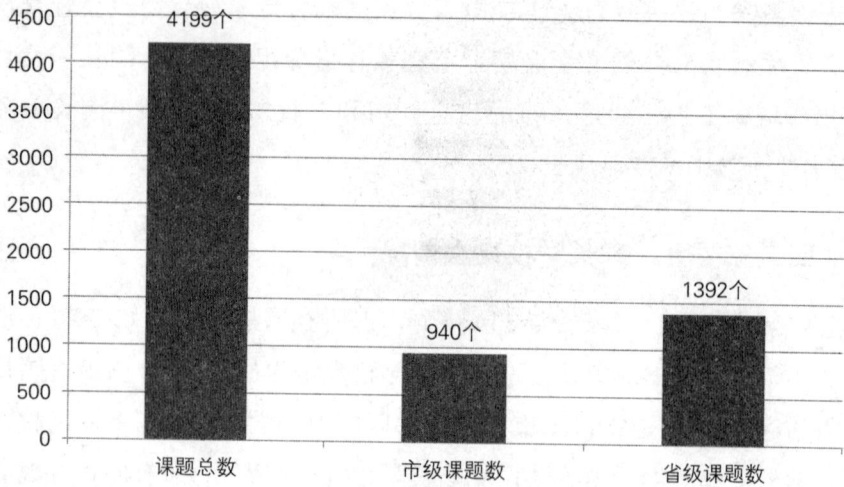

图9　家庭教育课题研究情况

第三章　学生问卷调研数据分析

一、参与问卷调研的学生情况

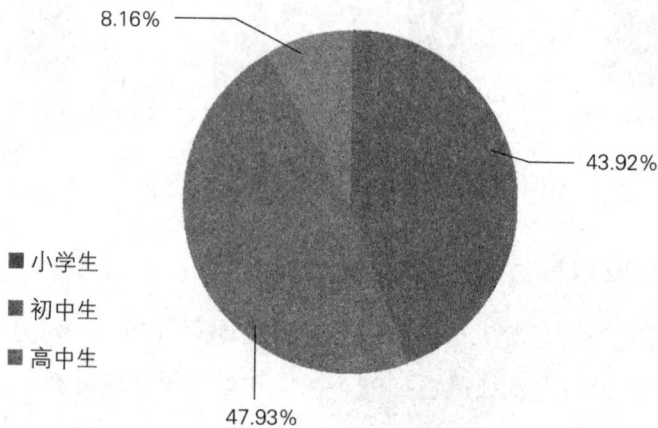

图10　学生的学段分布情况

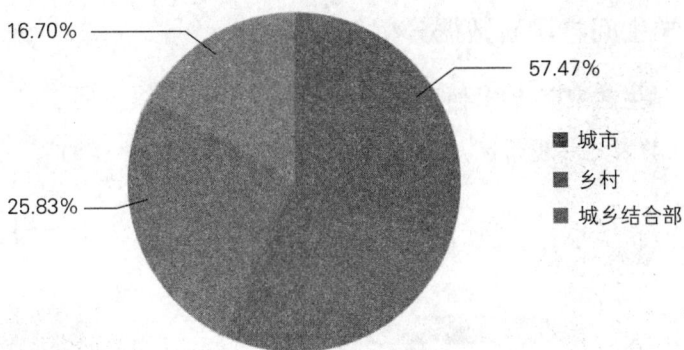

图11 学生的所在地分布情况

16.70%

57.47%

25.83%

城市
乡村
城乡结合部

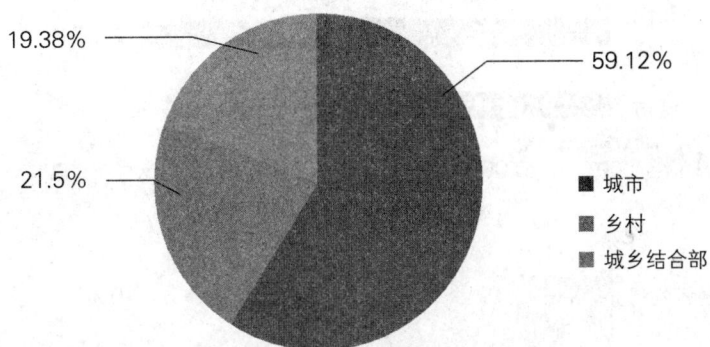

图12 学生就读学校位置情况

19.38%

59.12%

21.5%

城市
乡村
城乡结合部

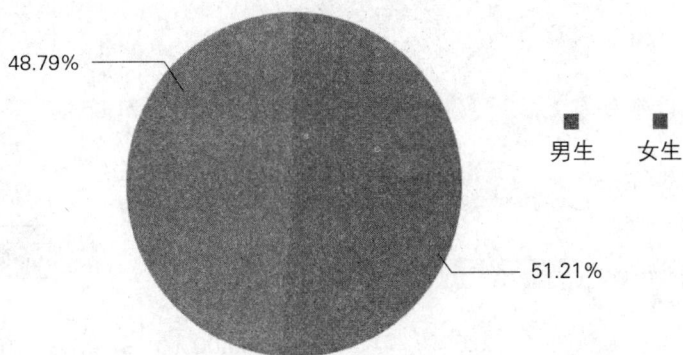

图13 学生性别比例

48.79%

51.21%

男生 女生

二、学生问卷调研数据分析

（一）学生的家庭情况数据

1.学生的家庭环境情况

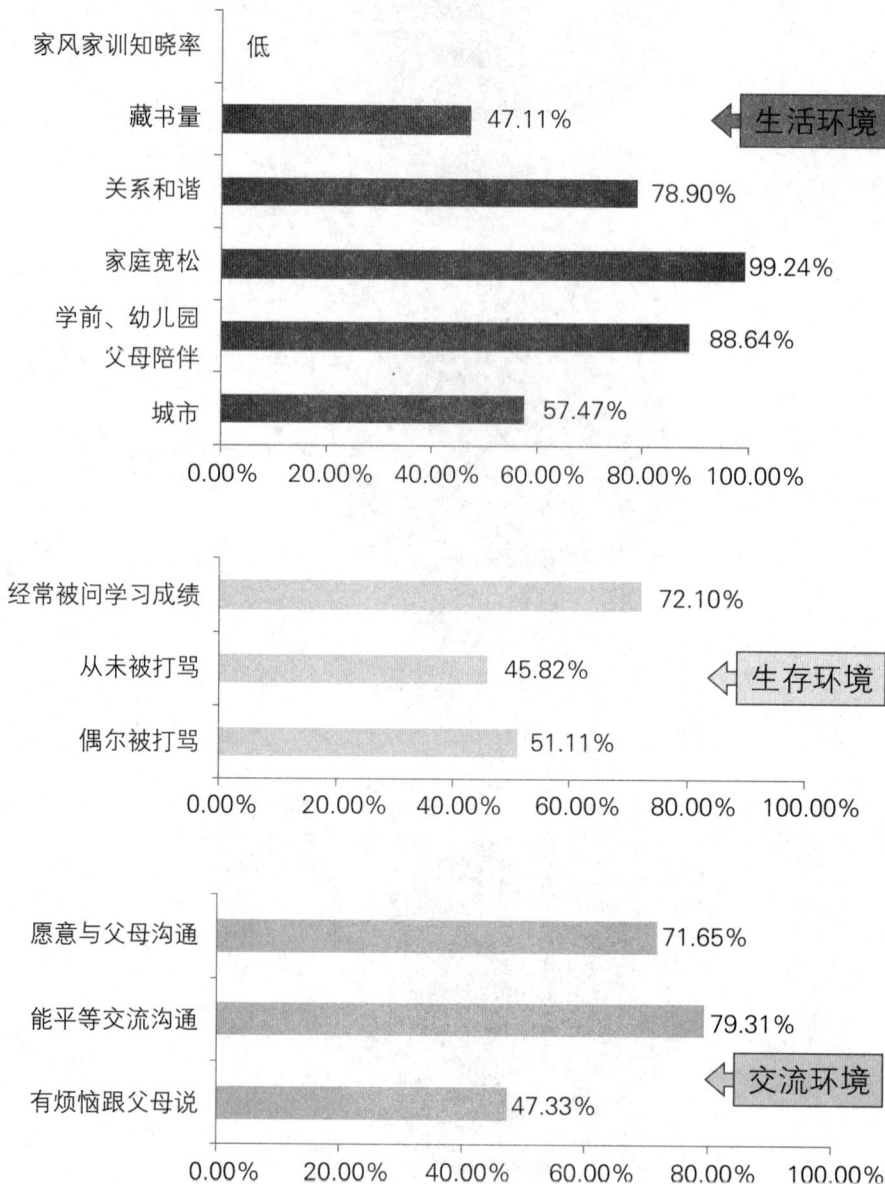

图14　学生的家庭环境情况

2.学生与家人共同生活情况

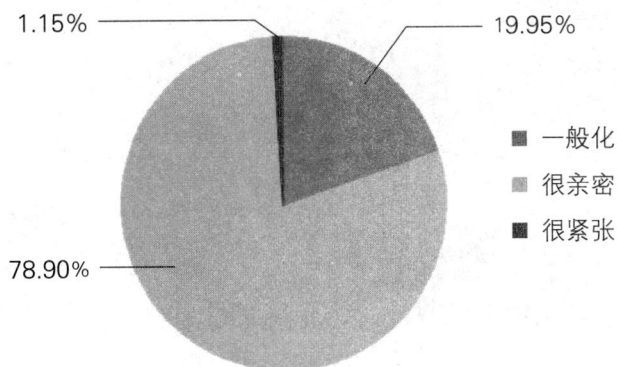

图15 学生与父母的关系情况

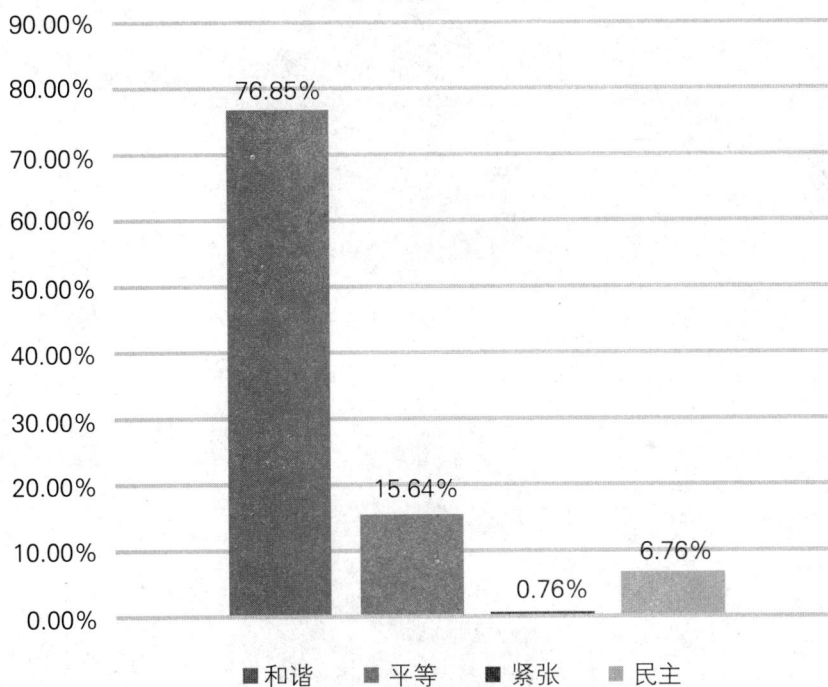

图16 学生希望和父母形成的关系情况

3.亲子关系情况

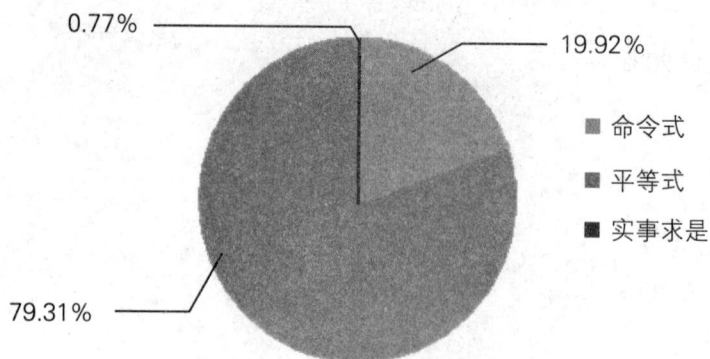

0.77%

19.92%

79.31%

■ 命令式

■ 平等式

■ 实事求是

图17 亲子沟通方式

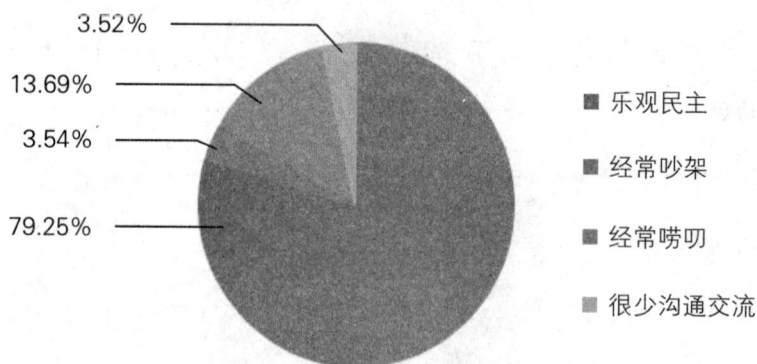

3.52%

13.69%

3.54%

79.25%

■ 乐观民主

■ 经常吵架

■ 经常唠叨

■ 很少沟通交流

图18 父母在家里的表现

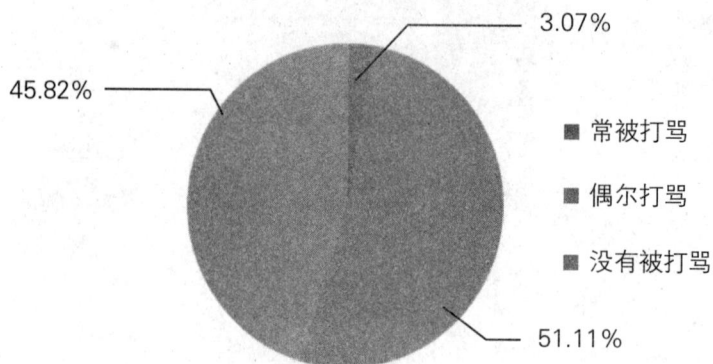

3.07%

45.82%

■ 常被打骂

■ 偶尔打骂

■ 没有被打骂

51.11%

图19 学生与父母共同生活情况

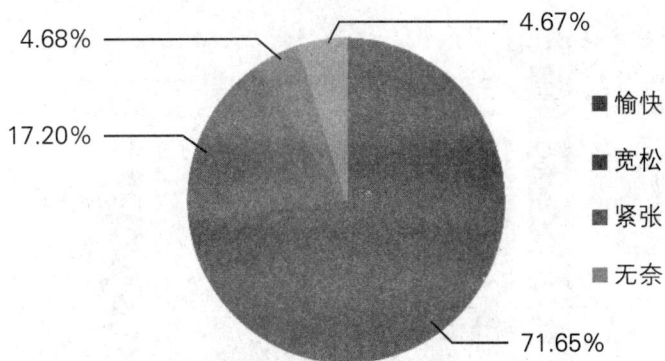

图20 学生与家人在一起的感受

图例：
- 愉快
- 宽松
- 紧张
- 无奈

4.68%　4.67%　17.20%　71.65%

4.家庭文化建设情况

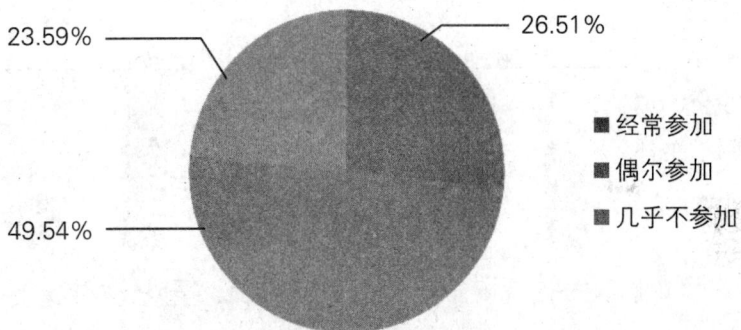

图21 父母参加教育培训情况

图例：
- 经常参加
- 偶尔参加
- 几乎不参加

26.51%　23.59%　49.54%

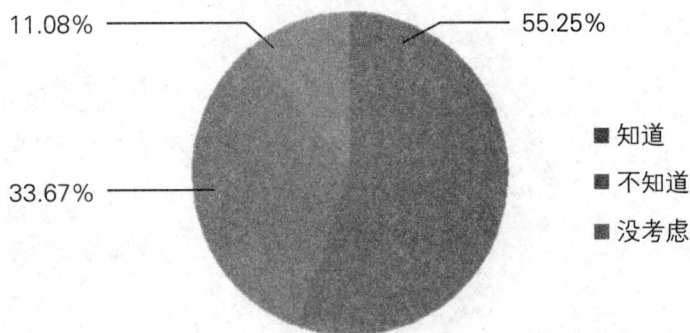

图22 学生对家风的知晓情况

图例：
- 知道
- 不知道
- 没考虑

55.25%　11.08%　33.67%

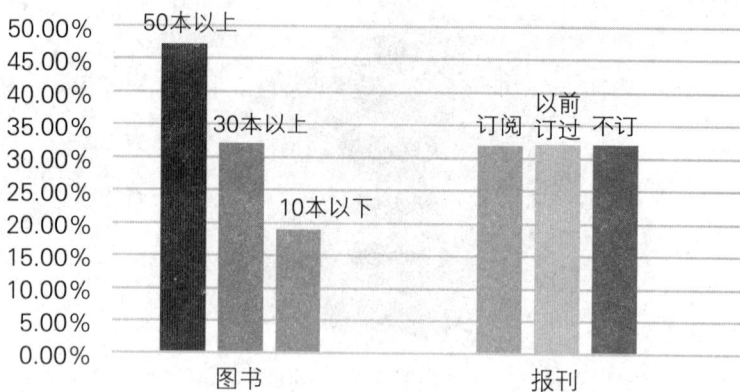

图23 家庭藏书情况

5.学生现实状态

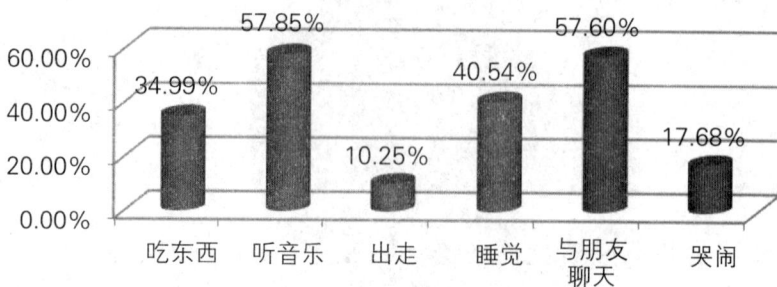

图24 学生不开心的宣泄方式

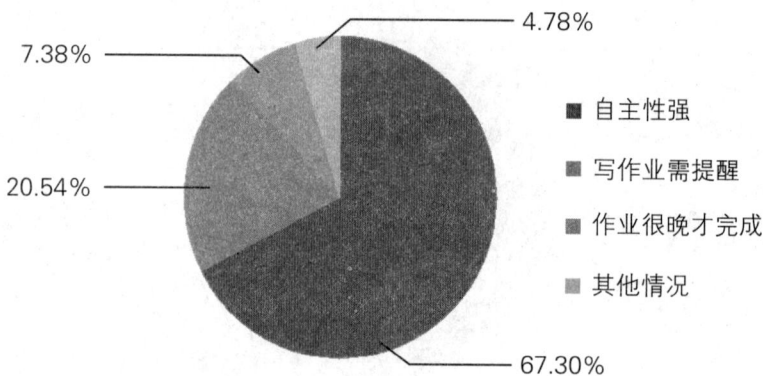

图25 学生的学习习惯

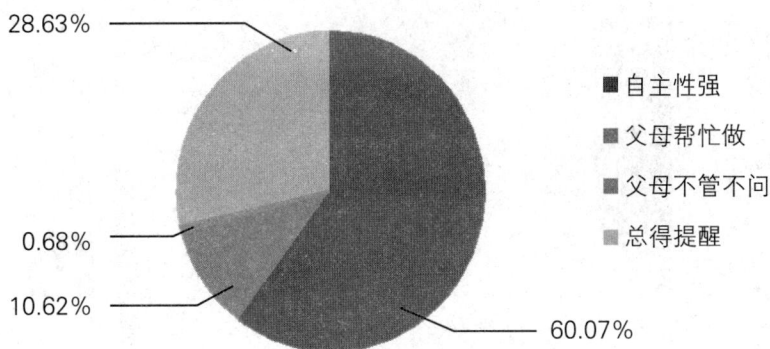

28.63%

0.68%

10.62%

60.07%

自主性强

父母帮忙做

父母不管不问

总得提醒

图26　学生的生活习惯

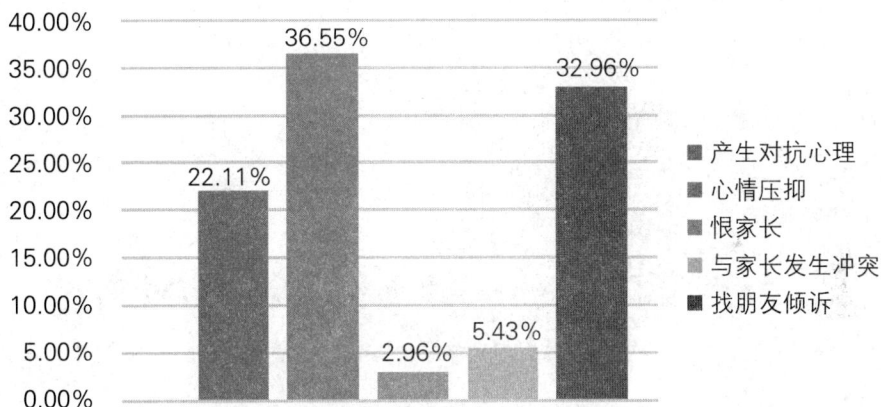

40.00%

36.55%

35.00%

32.96%

30.00%

25.00%

22.11%

20.00%

15.00%

10.00%

5.43%

5.00%

2.96%

0.00%

产生对抗心理

心情压抑

恨家长

与家长发生冲突

找朋友倾诉

图27　学生不被家长理解信任时的表现

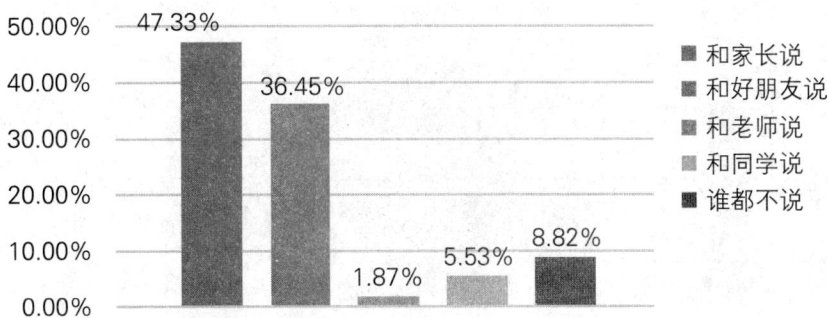

50.00%

47.33%

40.00%

36.45%

30.00%

20.00%

10.00%

8.82%

1.87%

5.53%

0.00%

和家长说

和好朋友说

和老师说

和同学说

谁都不说

图28　学生烦恼的倾诉方式

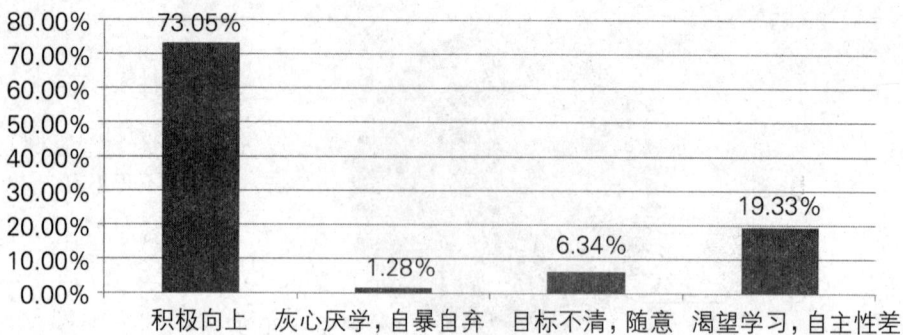

图29 学生学习状态

（二）父母教养方式情况数据

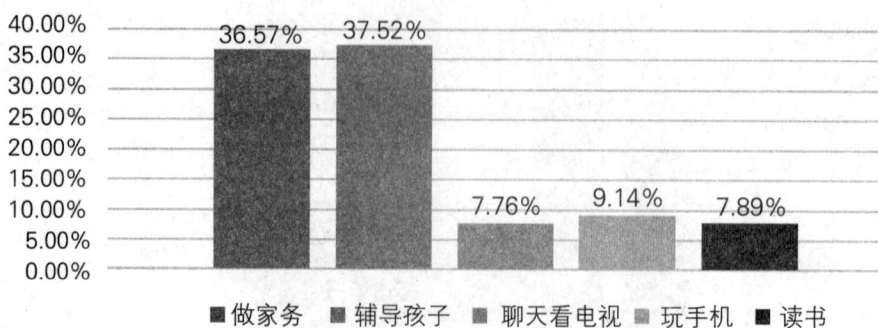

图30 学生做作业时父母的表现

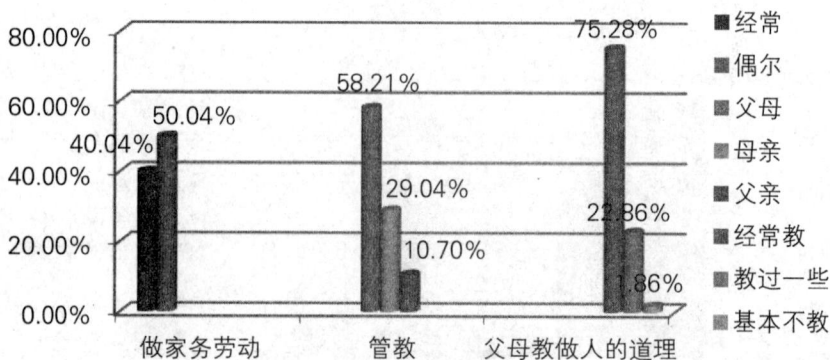

图31 父母教养方式情况

（三）父母与学校沟通情况数据

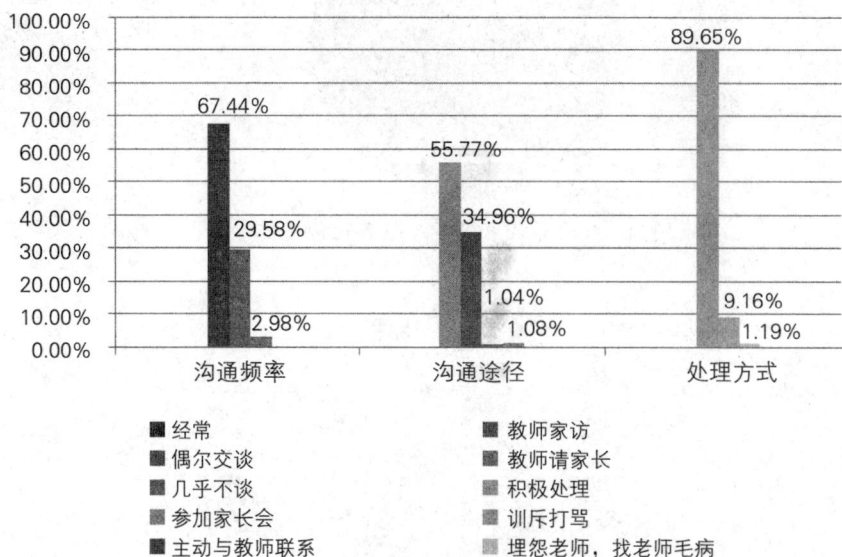

图32　父母与学校沟通情况

图例：
- 经常
- 偶尔交谈
- 几乎不谈
- 参加家长会
- 主动与教师联系
- 教师家访
- 教师请家长
- 积极处理
- 训斥打骂
- 埋怨老师，找老师毛病

第四章　家长问卷调研数据分析

一、家长基本情况

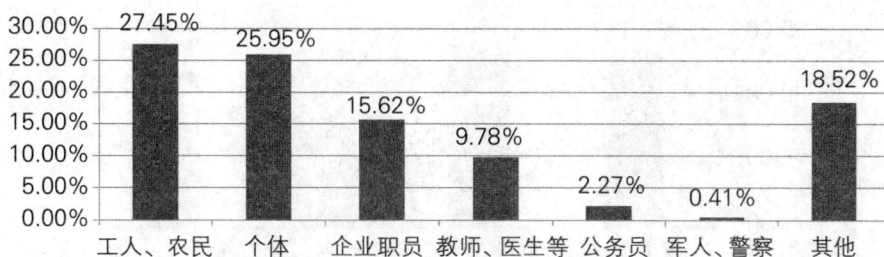

图33　家长的职业情况

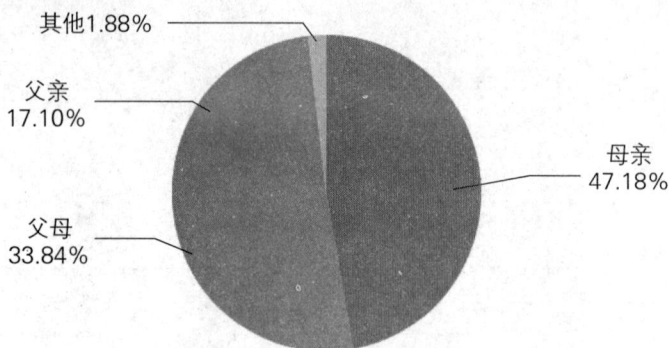

图34　父母承担教育孩子任务比例情况

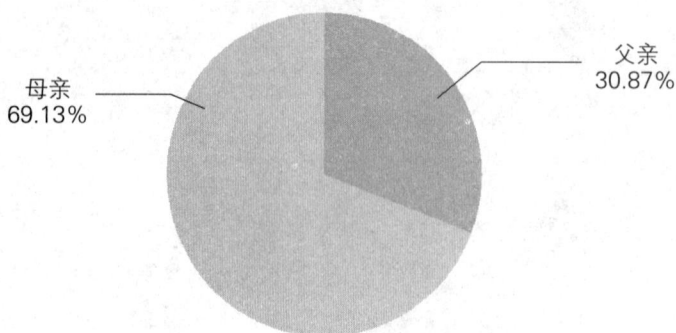

图35　参与问卷的父母比例

二、家庭教育基本情况

（一）家庭教育观念

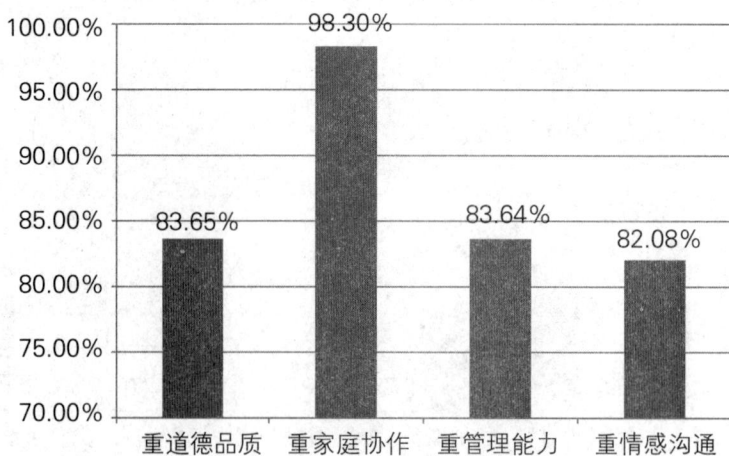

图36　家庭教育观念情况

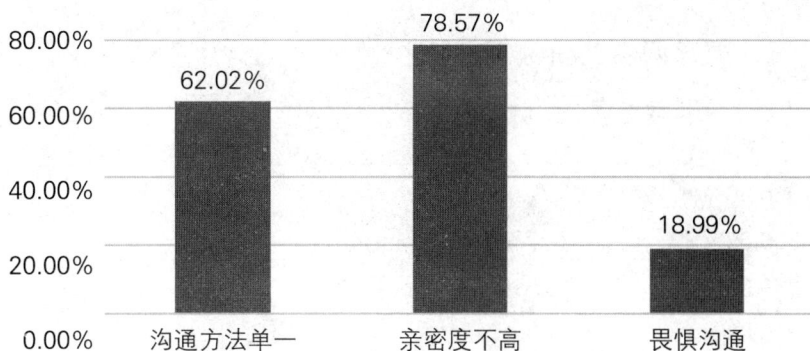

图37 亲子关系情况

（二）家庭建设

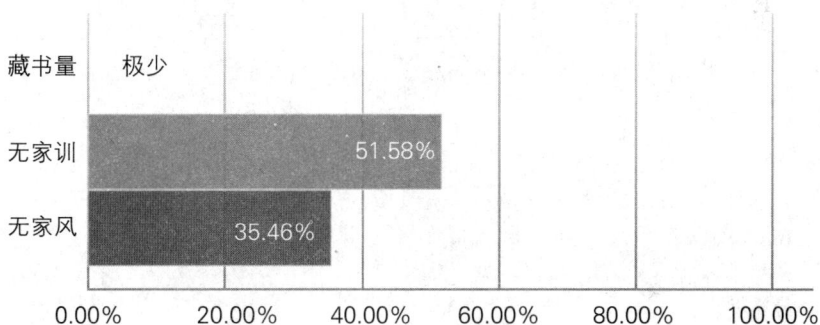

图38 家庭建设情况

（三）家校共育

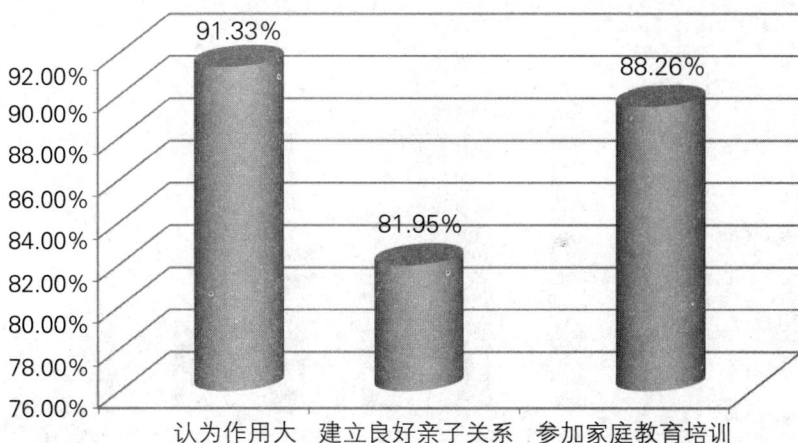

图39 家校共育认识情况

三、家长问卷调研数据分析

（一）家长教育观念的数据分析

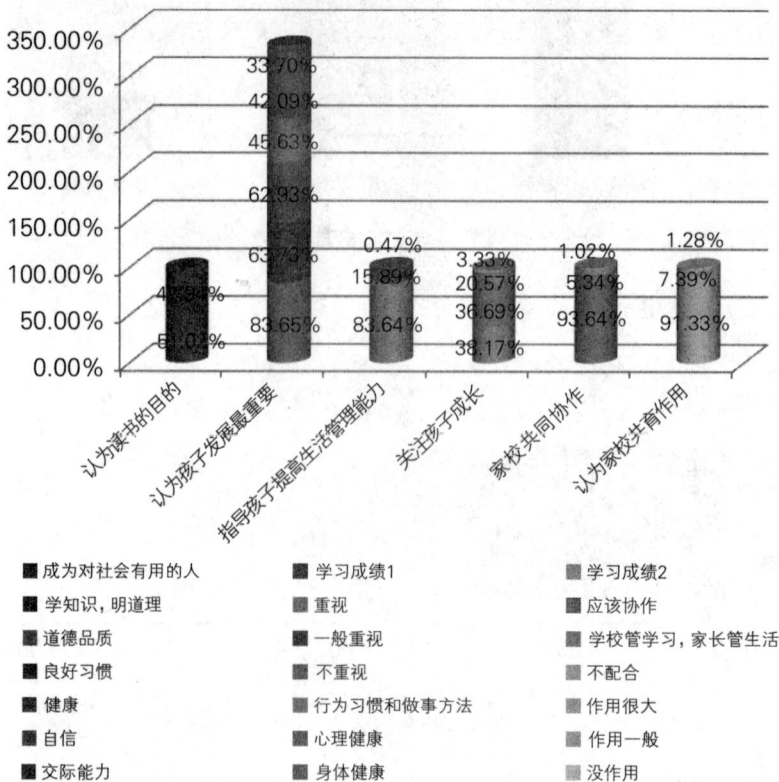

图例：
- 成为对社会有用的人
- 学知识，明道理
- 道德品质
- 良好习惯
- 健康
- 自信
- 交际能力
- 学习成绩1
- 重视
- 一般重视
- 不重视
- 行为习惯和做事方法
- 心理健康
- 身体健康
- 学习成绩2
- 应该协作
- 学校管学习，家长管生活
- 不配合
- 作用很大
- 作用一般
- 没作用

图40　家长教育观念情况

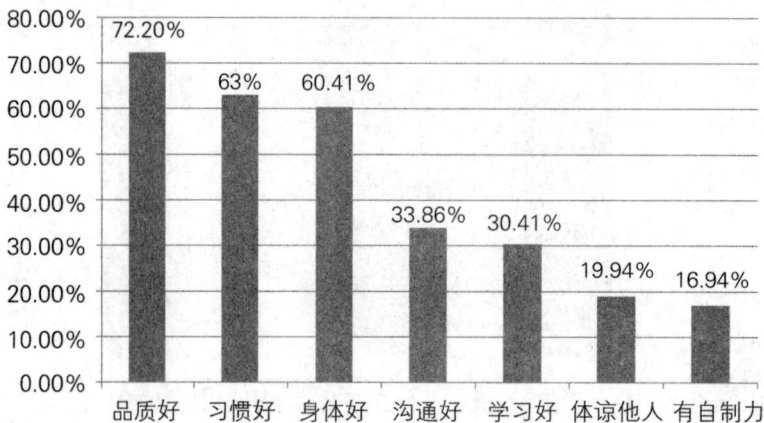

图41　家长认为好孩子的特性

（二）家长教养知能数据分析

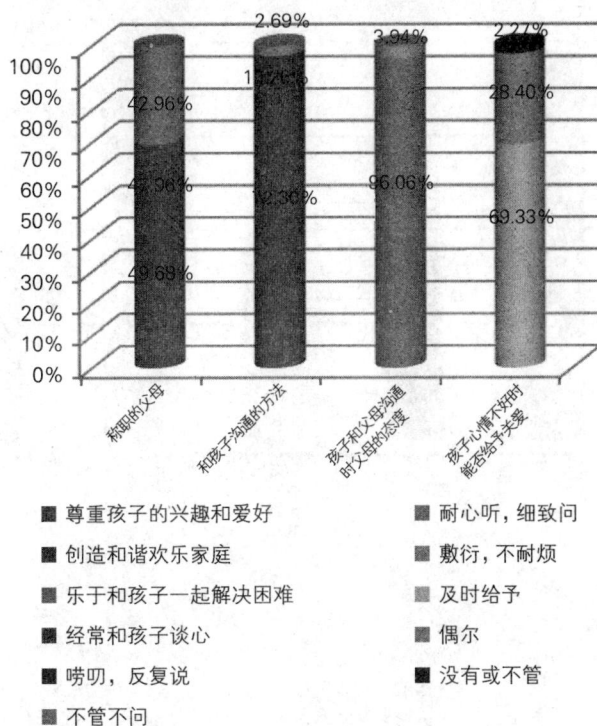

图例：
- 尊重孩子的兴趣和爱好
- 创造和谐欢乐家庭
- 乐于和孩子一起解决困难
- 经常和孩子谈心
- 唠叨，反复说
- 不管不问
- 耐心听，细致问
- 敷衍，不耐烦
- 及时给予
- 偶尔
- 没有或不管

图42　家长的教养策略

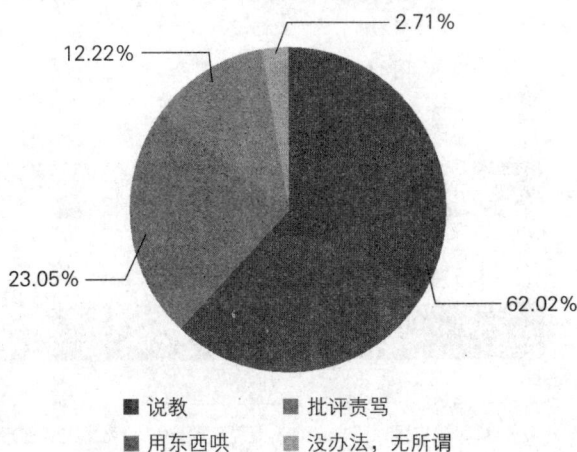

- 说教　62.02%
- 批评责骂　23.05%
- 用东西哄　12.22%
- 没办法，无所谓　2.71%

图43　家长在孩子不听话时的做法

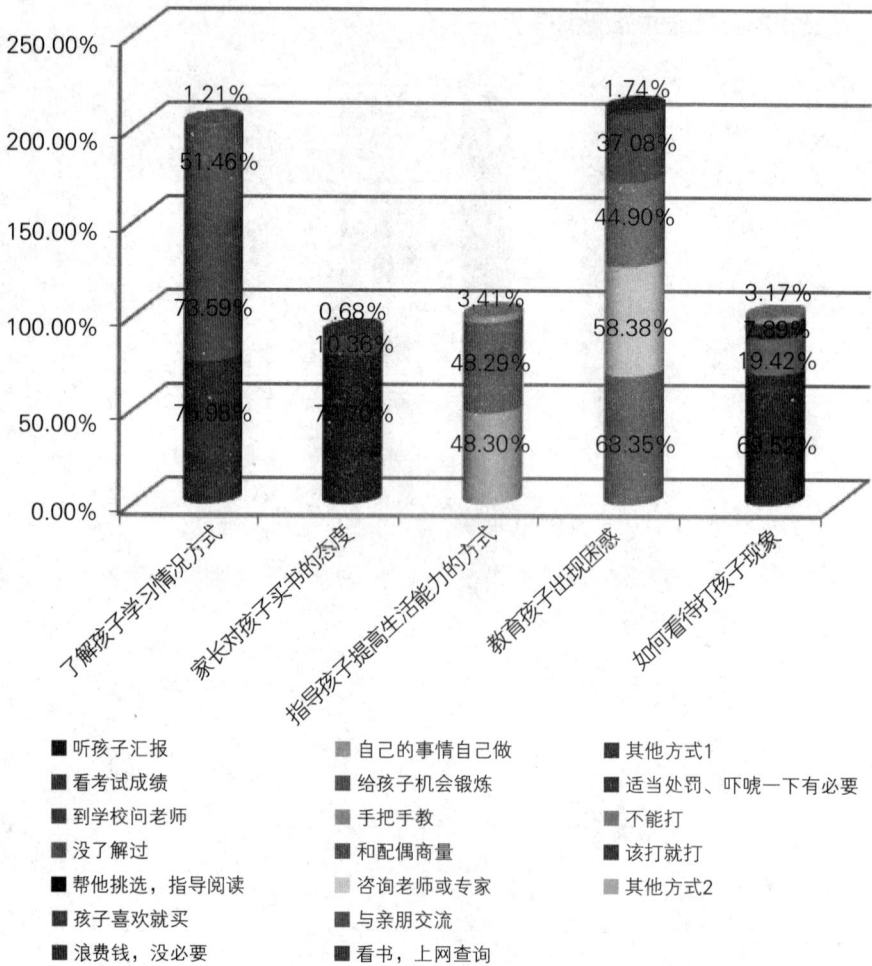

图44　家长的教养理念

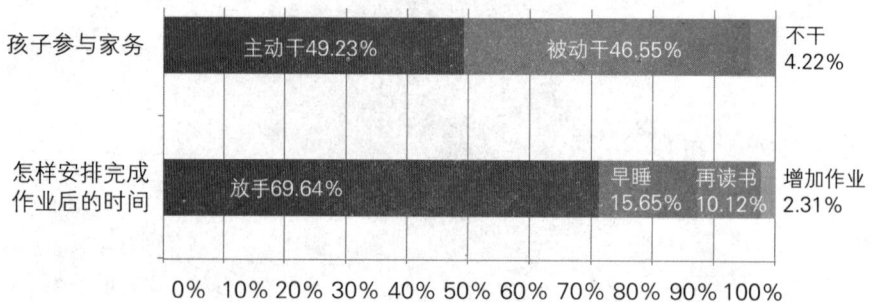

图45　家长的教养方式

（三）家庭建设数据分析

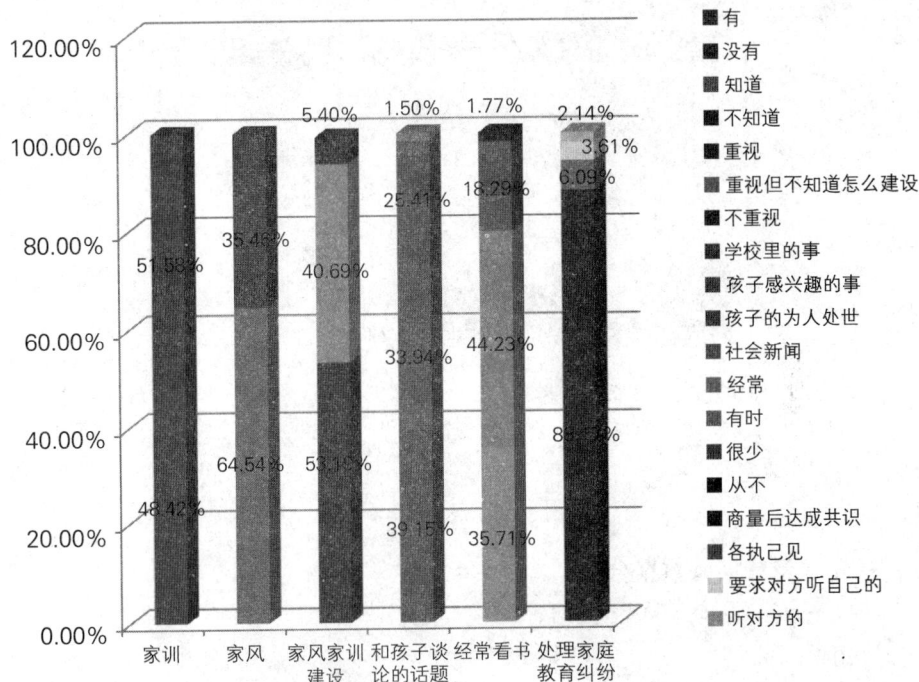

図46　家庭建设情况

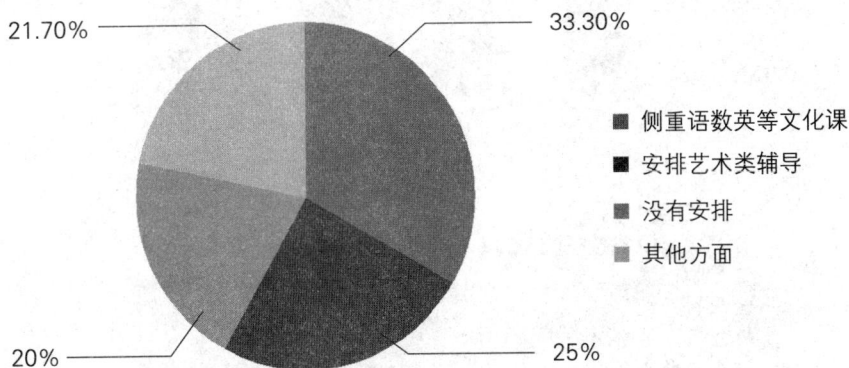

図47　学生参加假期辅导情况

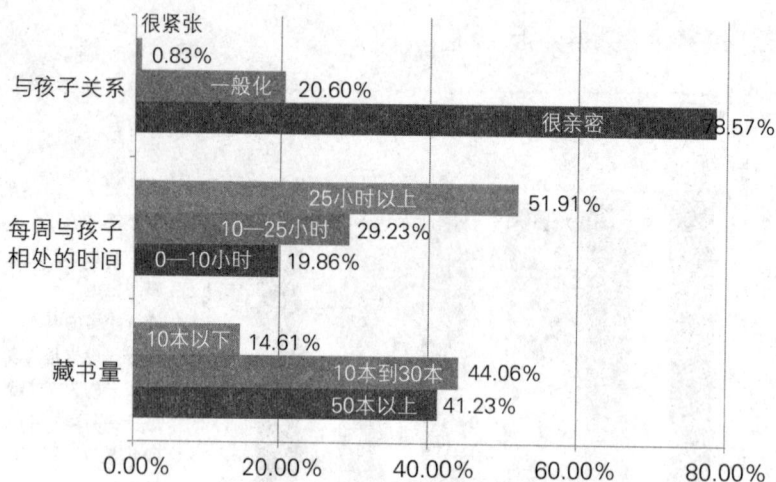

图48　家长与孩子关系、相处时间及家庭藏书情况

（四）家校共育数据分析

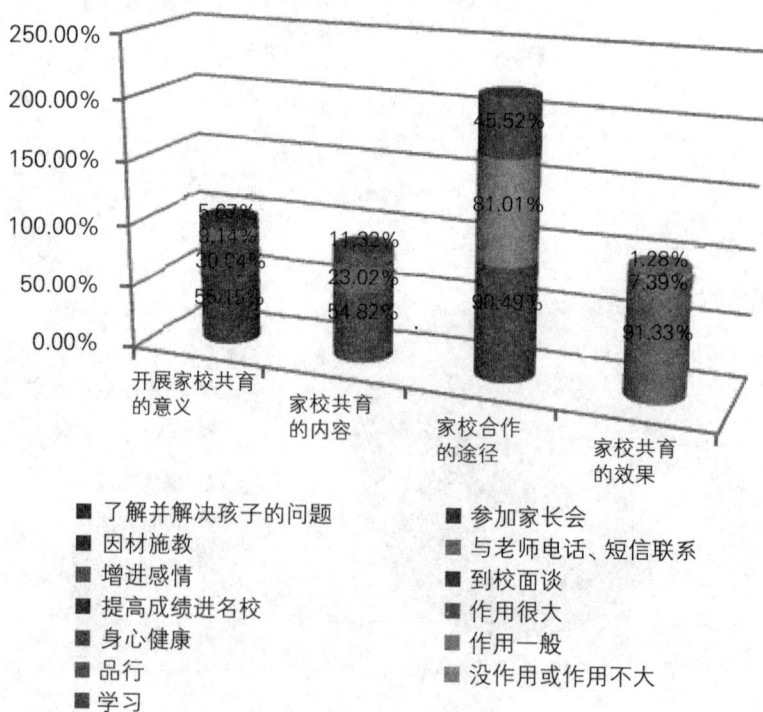

开展家校共育
的意义

家校共育
的内容

家校合作
的途径

家校共育
的效果

■ 了解并解决孩子的问题　　　　　■ 参加家长会
■ 因材施教　　　　　　　　　　　■ 与老师电话、短信联系
■ 增进感情　　　　　　　　　　　■ 到校面谈
■ 提高成绩进名校　　　　　　　　■ 作用很大
■ 身心健康　　　　　　　　　　　■ 作用一般
■ 品行　　　　　　　　　　　　　■ 没作用或作用不大
■ 学习

图49　家校共育情况1

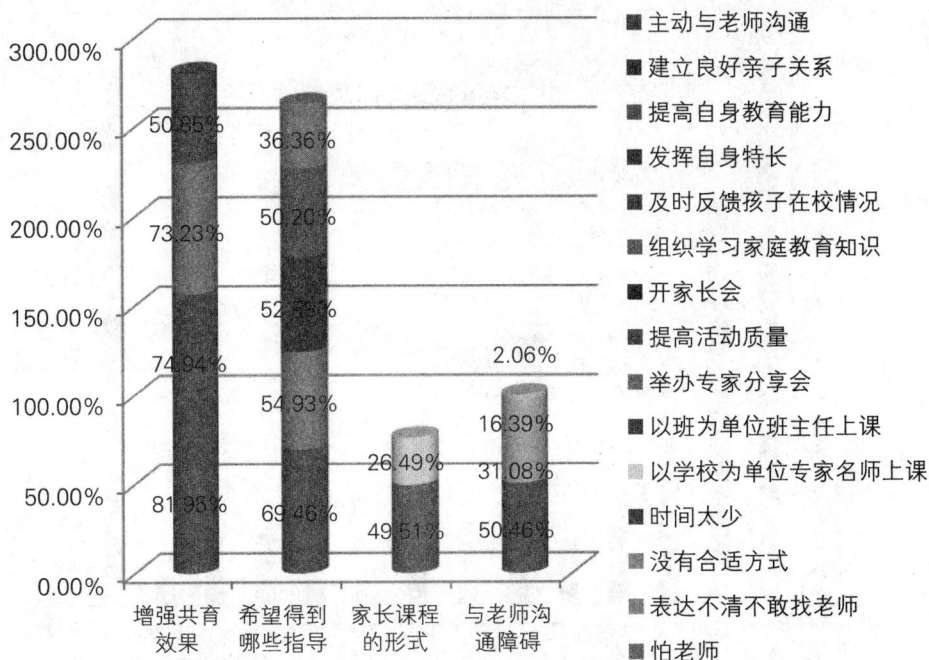

图50　家校共育情况2

第五章　教师问卷调研报告

一、教师基本情况

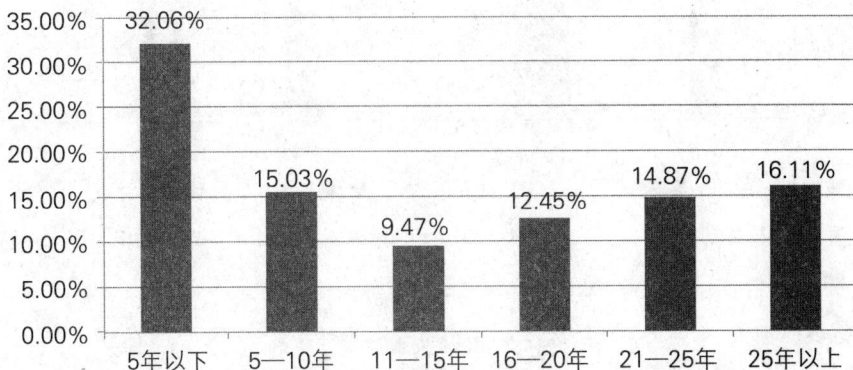

图51　教师教龄情况

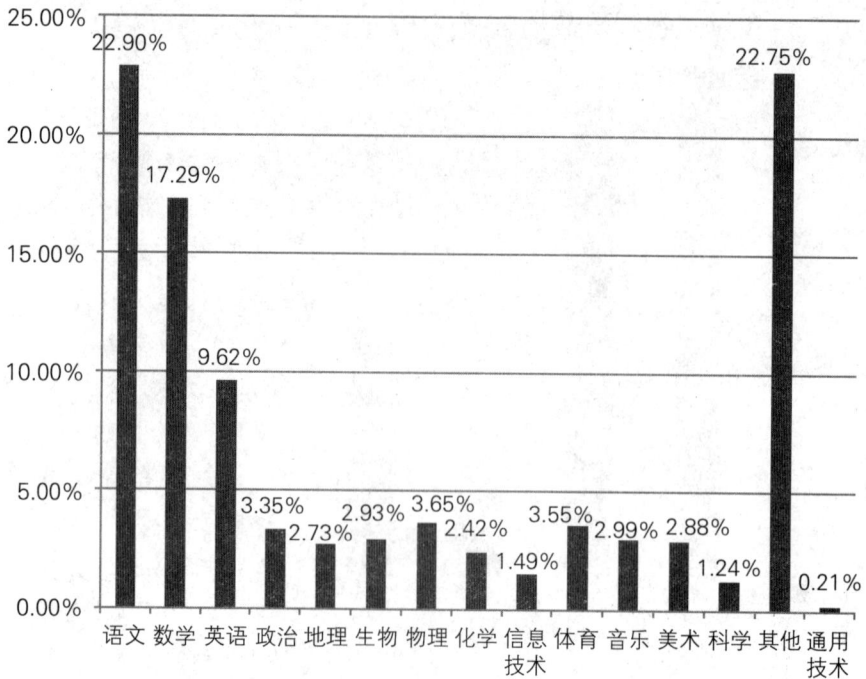

图52 教师任教学科情况

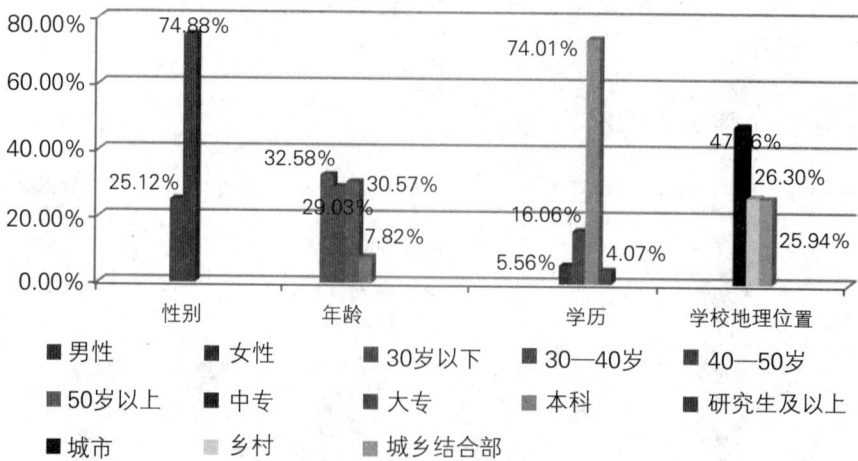

图53 教师基本情况

二、教师问卷调研数据分析

（一）家庭教育建设与教育观念

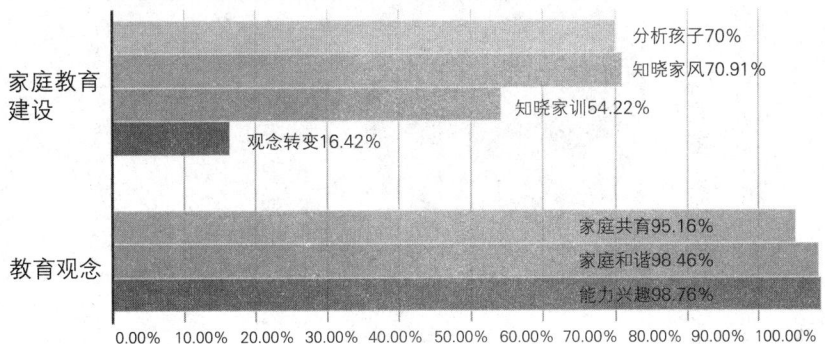

图54 家庭建设的观念

（二）教师教育观念

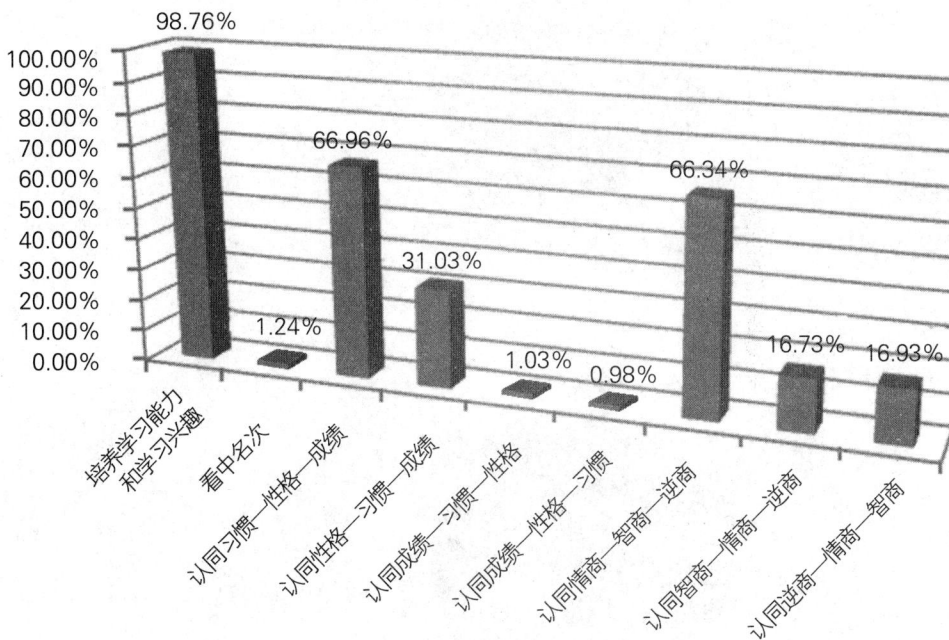

图55 教师教育观念

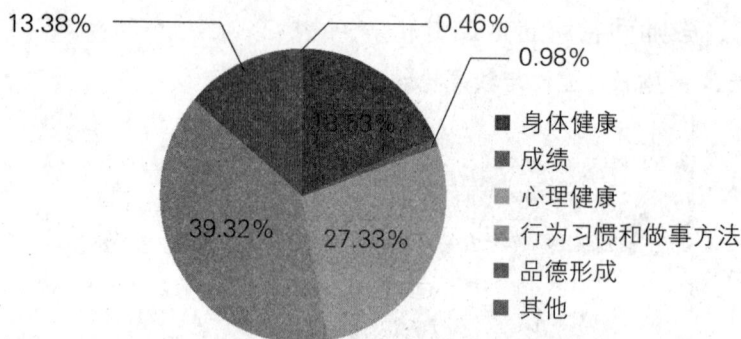

图56 学生成长中最需关注的方面

（三）教师教育素养

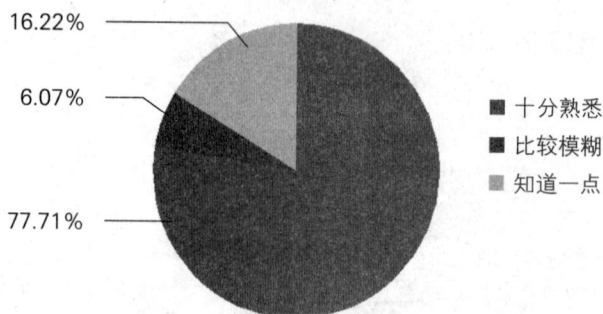

图57 对学生身心发展规律的了解情况

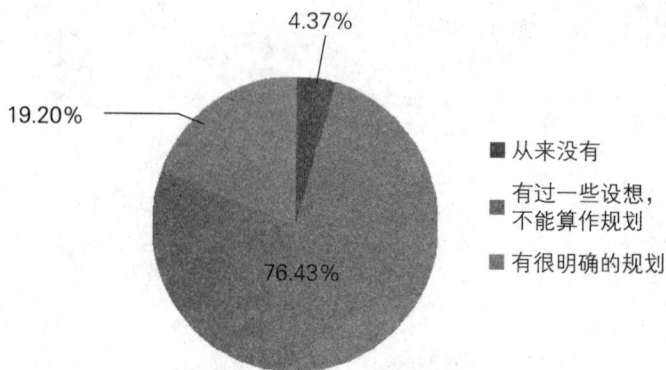

图58 教师引导学生生涯规划的情况

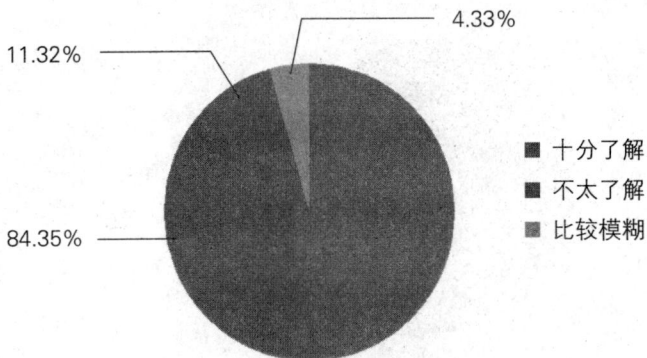

十分了解

不太了解

比较模糊

图59　教师对学生年龄特点的了解情况

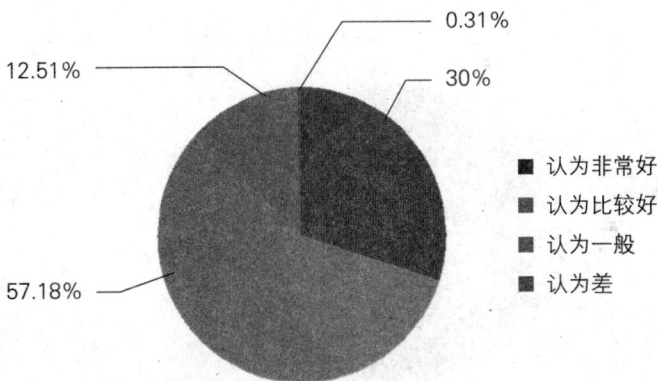

认为非常好

认为比较好

认为一般

认为差

图60　教师科学实施教育的自我认同情况

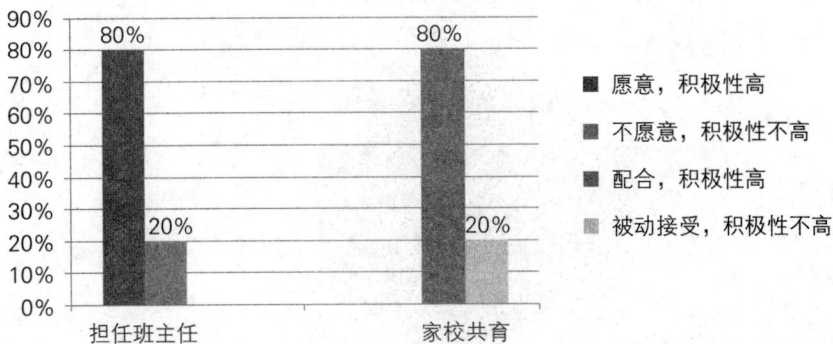

愿意，积极性高

不愿意，积极性不高

配合，积极性高

被动接受，积极性不高

图61　教师对担任班主任和家校共育的态度

（四）教师家庭建设

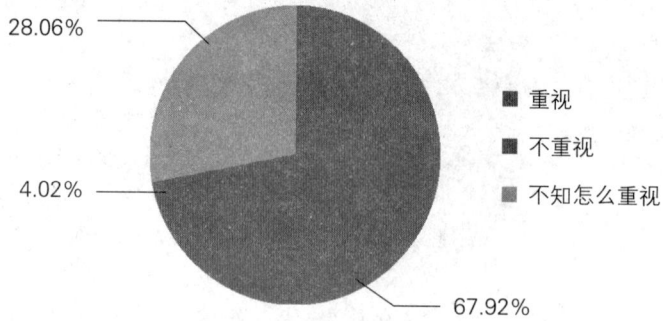

28.06%

67.92%

4.02%

- 重视
- 不重视
- 不知怎么重视

图62　家风家训重视程度

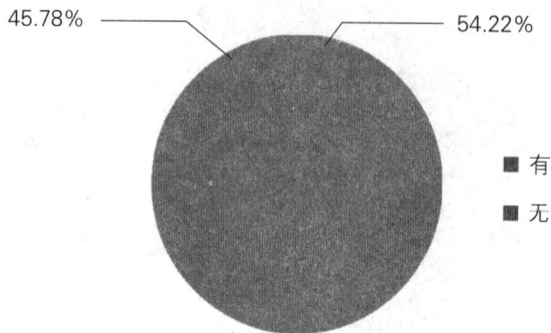

45.78%　54.22%

- 有
- 无

图63　有无家训情况

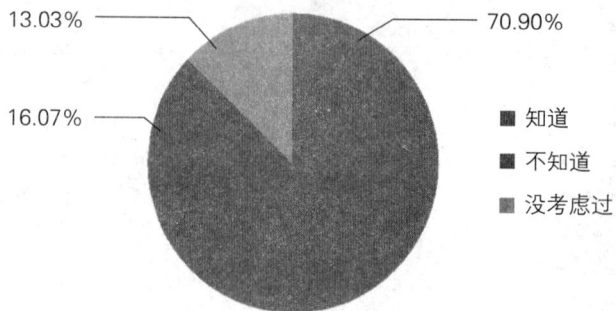

13.03%　70.90%

16.07%

- 知道
- 不知道
- 没考虑过

图64　家风知晓情况

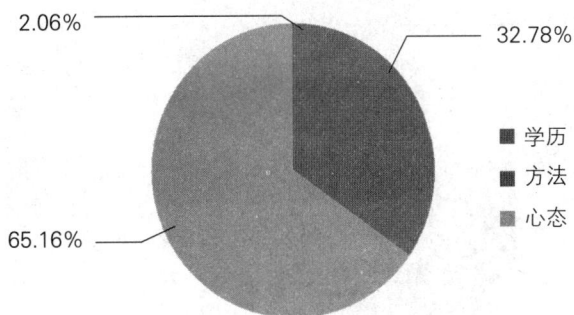

图65 影响家长家庭教育成效的关键要素

2.06%
32.78%
65.16%

■ 学历
■ 方法
■ 心态

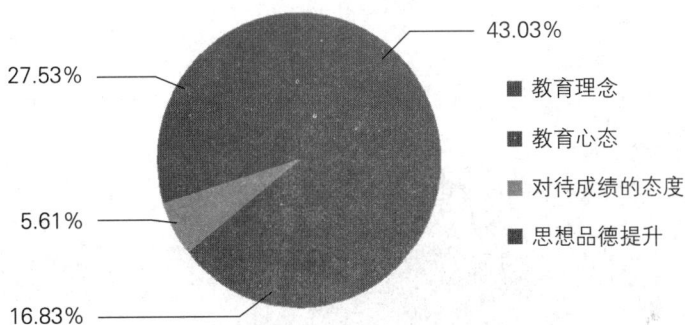

图66 教师有待改进的关键要素

43.03%
27.53%
5.61%
16.83%

■ 教育理念
■ 教育心态
■ 对待成绩的态度
■ 思想品德提升

（五）家校共育

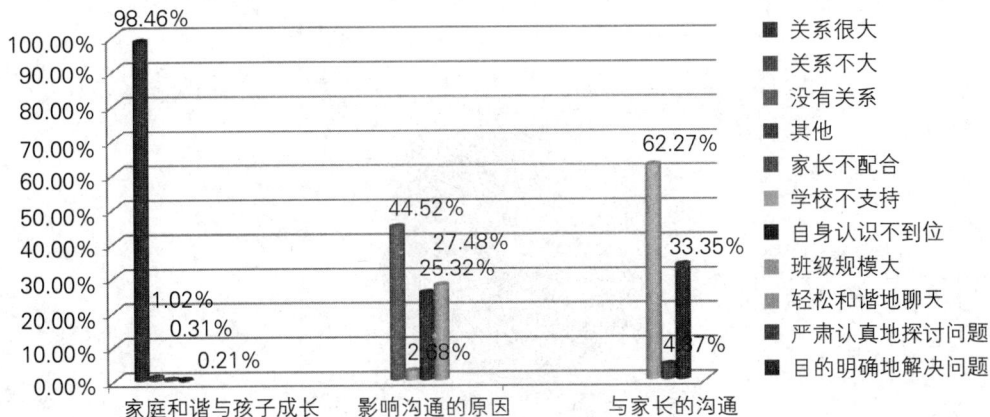

图67 家校共育情况

2.47%
2.16%
0.21%

95.16%

很大
很小
一般
没有

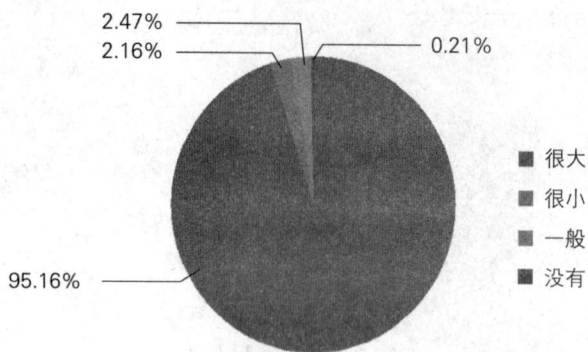

图68　对家校共育作用的认识情况

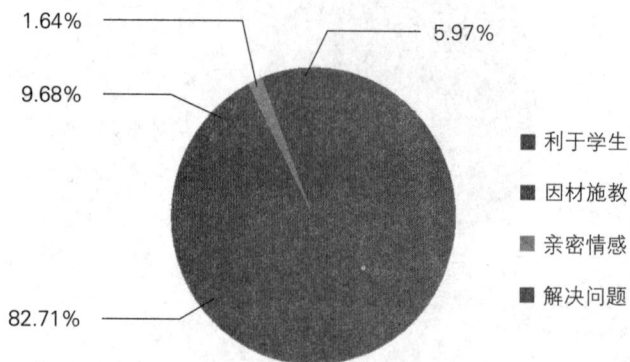

1.64%
5.97%
9.68%

82.71%

利于学生
因材施教
亲密情感
解决问题

图69　对家校共育意义的认识情况

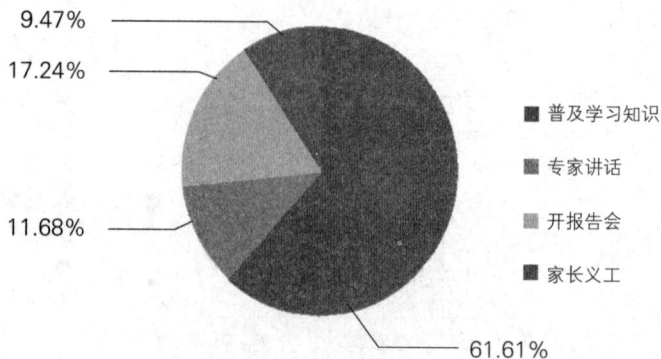

9.47%
17.24%

11.68%

61.61%

普及学习知识
专家讲话
开报告会
家长义工

图70　家校共育的主要形式

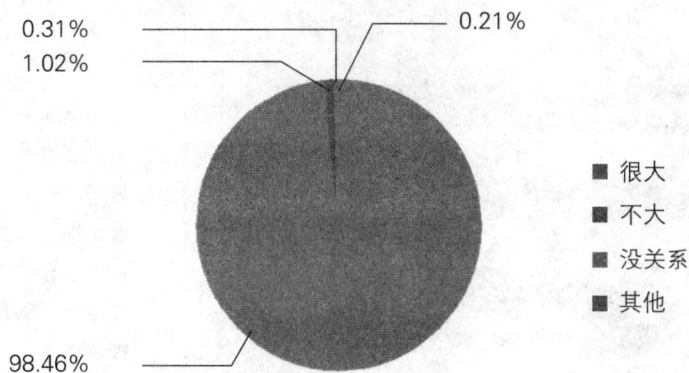

图71　家庭和谐与孩子成长的关系

0.31%
1.02%
0.21%
98.46%

- 很大
- 不大
- 没关系
- 其他

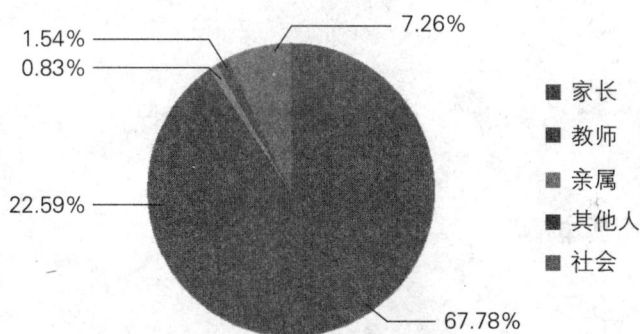

图72　影响学生成人的主要对象

1.54%
0.83%
7.26%
22.59%
67.78%

- 家长
- 教师
- 亲属
- 其他人
- 社会

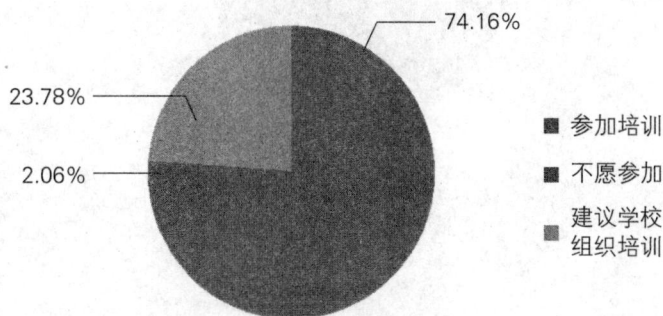

图73　教师指导家庭教育的意愿

74.16%
23.78%
2.06%

- 参加培训
- 不愿参加
- 建议学校组织培训

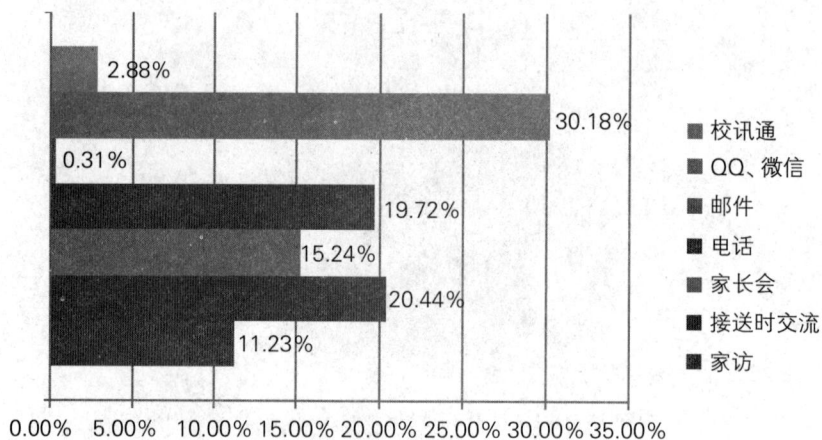

图74　家校联系的主要方式

第六章　校长问卷调研分析

一、校长基本情况

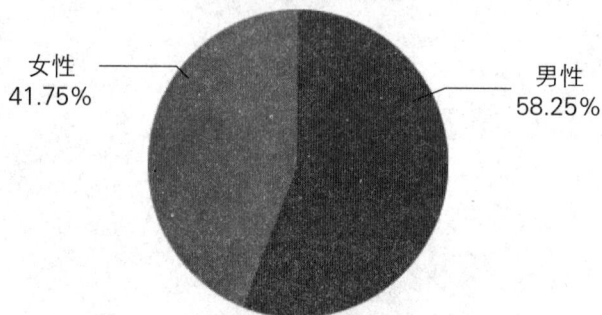

图75　性别情况

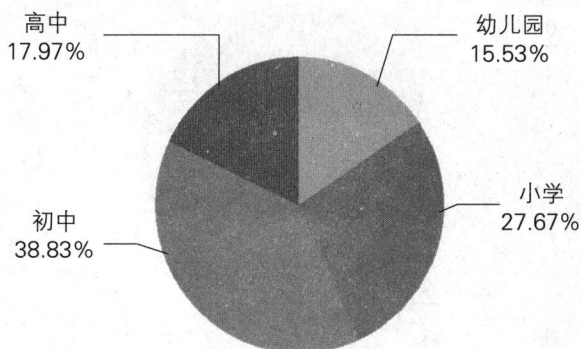

图76　学段

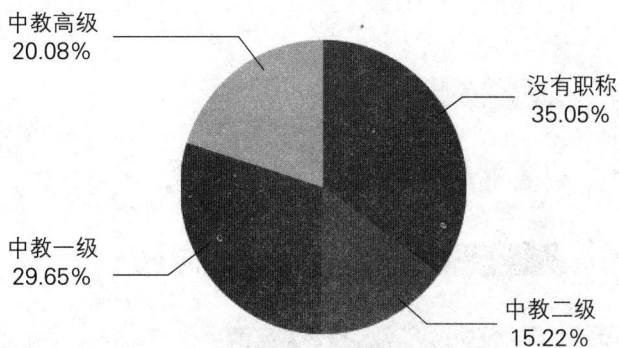

图77　职称

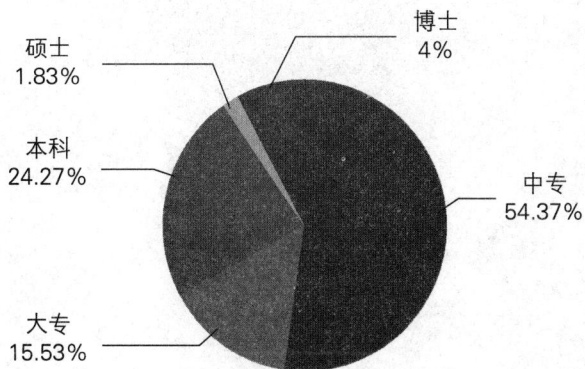

图78　学历

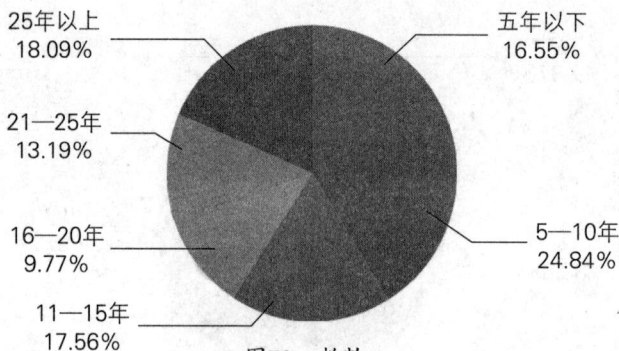

图79　教龄

二、校长问卷调研数据分析

（一）校长指导家庭教育工作情况

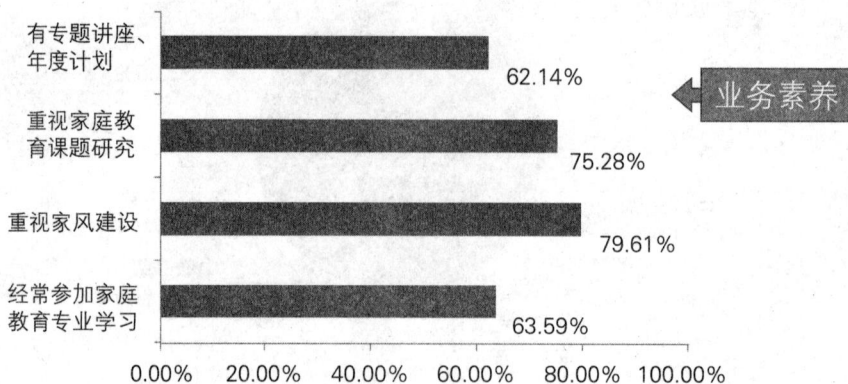

图80　业务素养情况

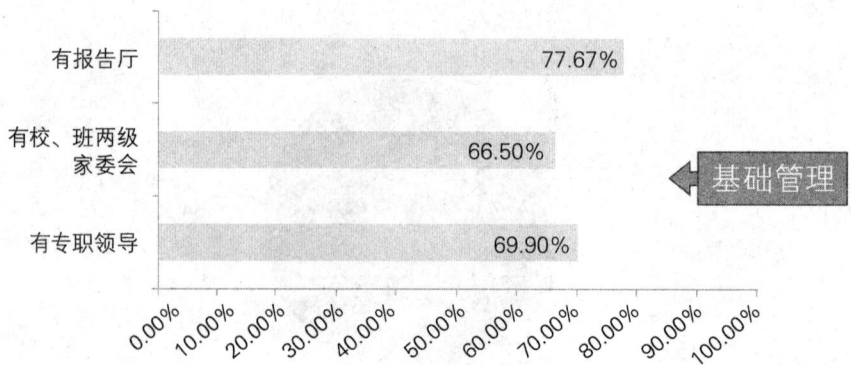

图81　基础管理情况

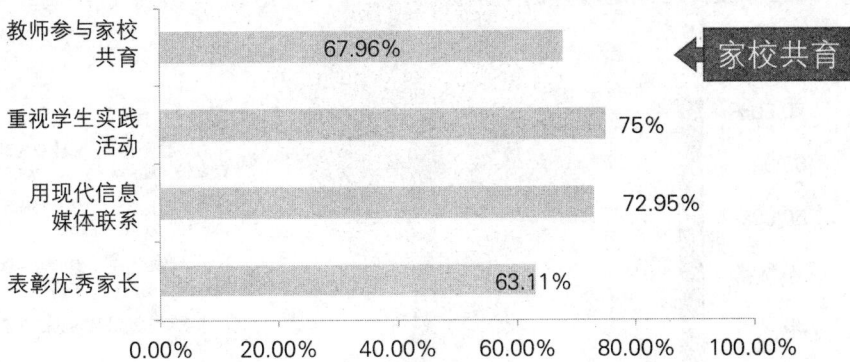

图82　家校共育情况

（二）校长所在学校开展家庭教育的现状

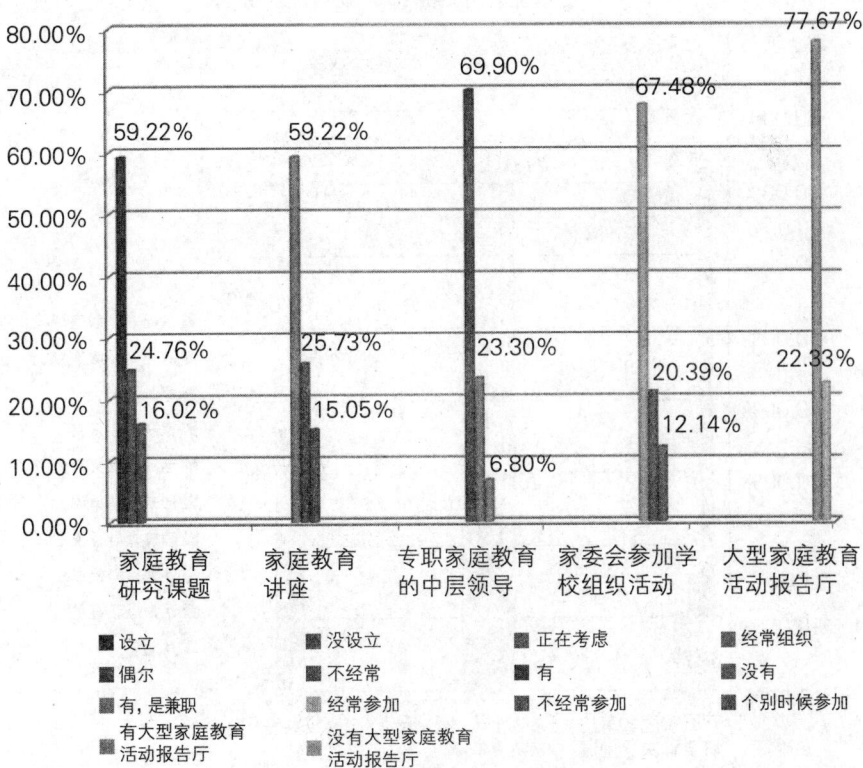

■ 设立	■ 没设立	■ 正在考虑	■ 经常组织
■ 偶尔	■ 不经常	■ 有	■ 没有
■ 有,是兼职	■ 经常参加	■ 不经常参加	■ 个别时候参加
■ 有大型家庭教育 活动报告厅	■ 没有大型家庭教育 活动报告厅		

图83　本校开展家庭教育的现状

（三）校长对家庭教育的认知情况

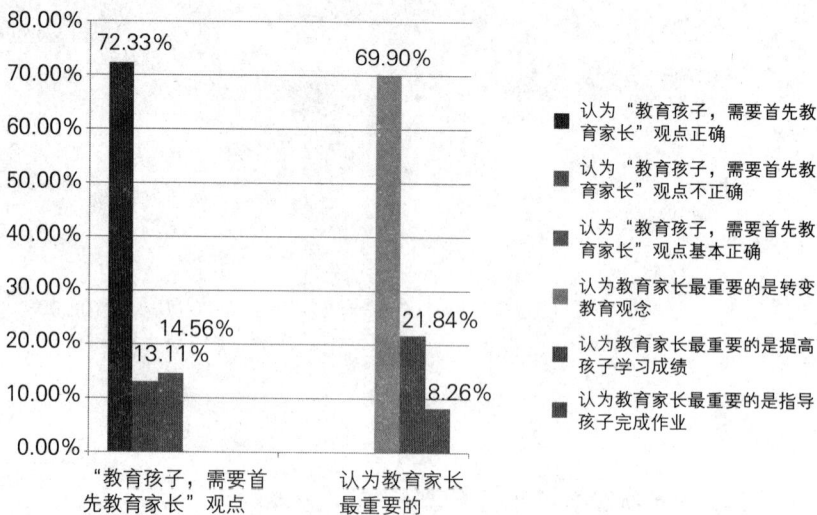

图84　对家庭教育的认知与教育理念分析

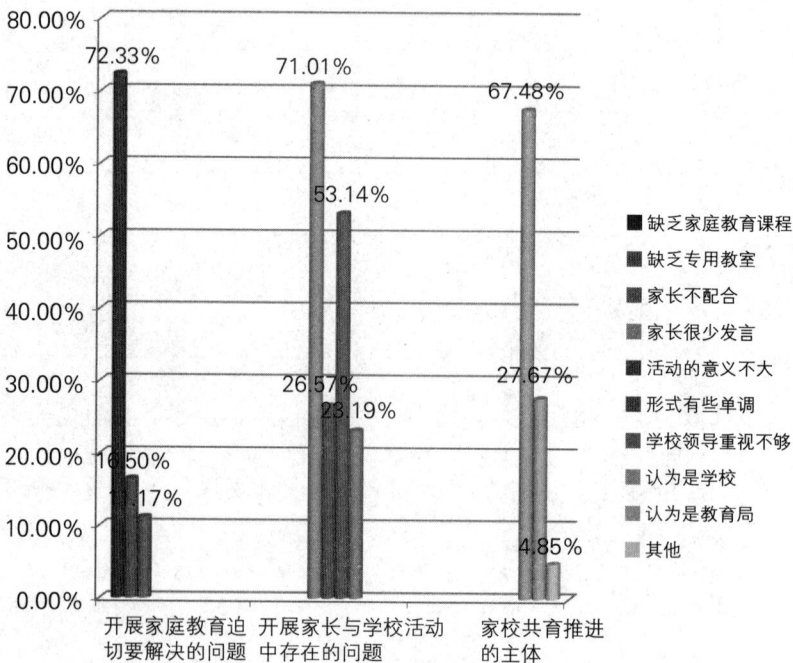

图85　对家庭教育的认知情况2

（四）校长参与家庭教育情况

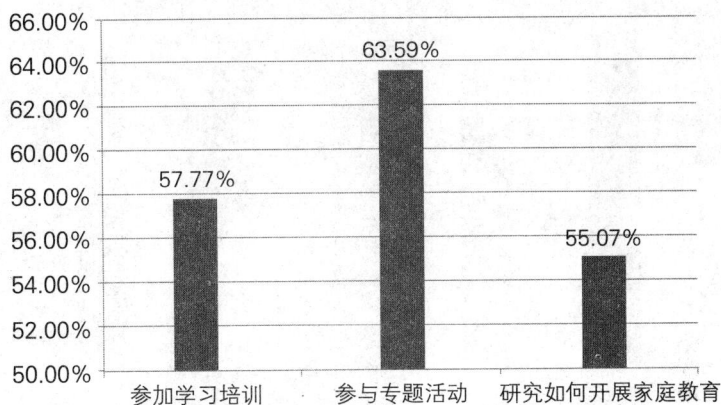

图86　参加家庭教育学习培训情况

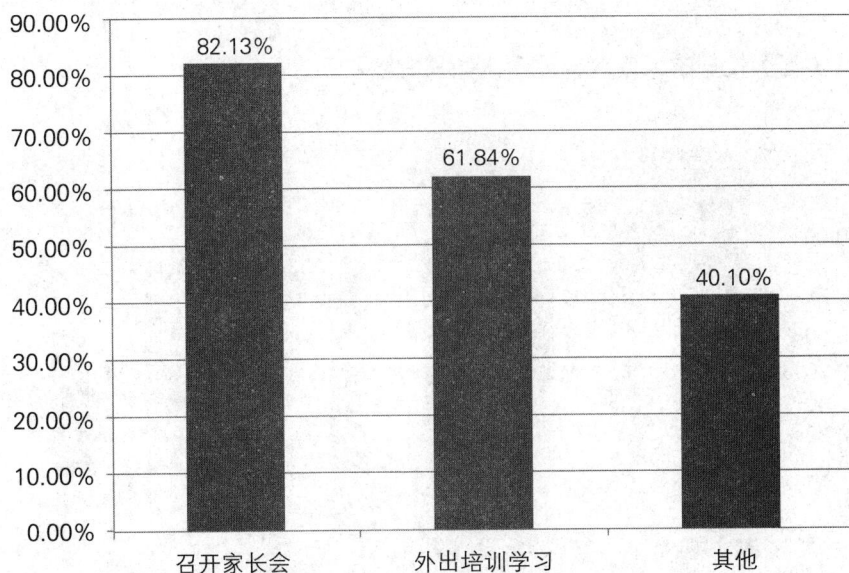

图87　学校提升教师家庭教育指导能力的方式

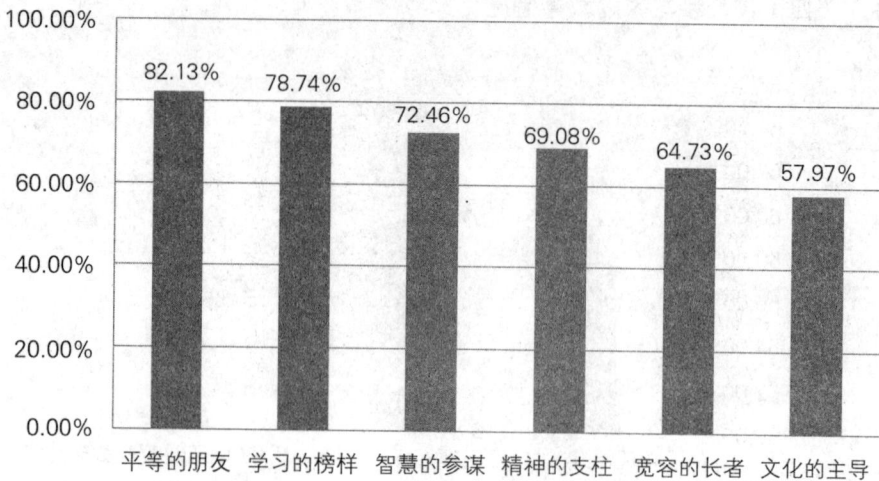

图88 对家长在家庭教育中的角色定位

（五）校长的家庭教育理念认知与方法实践

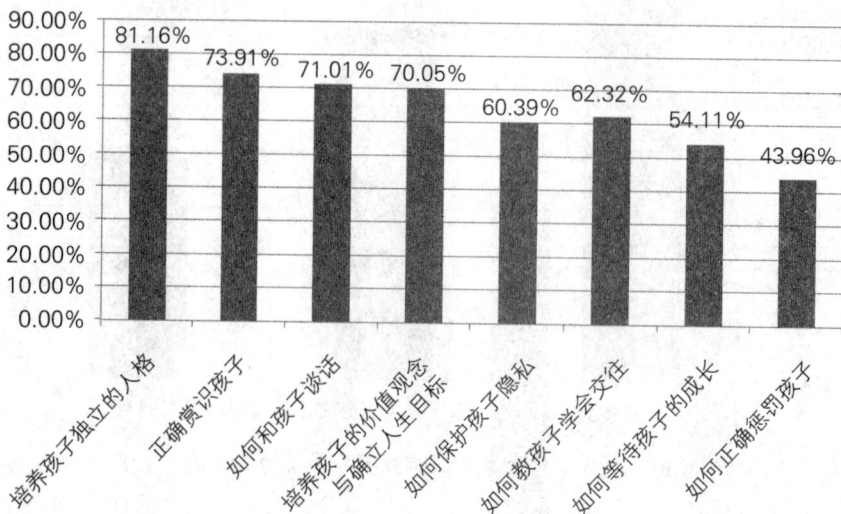

图89 对家长教养孩子主要方法的认识

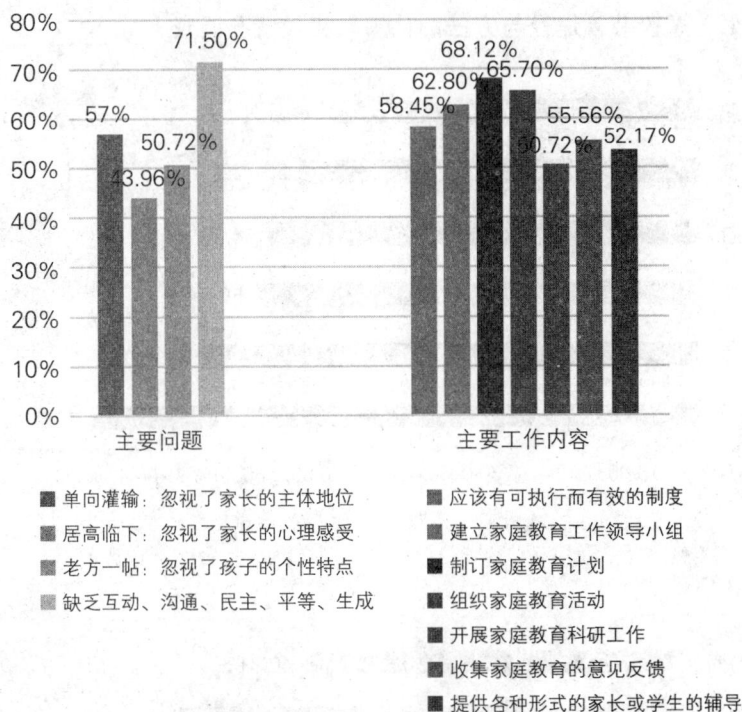

图90 家庭教育工作的主要问题及主要工作内容

（六）家庭教育与学校教育的关系认知与理解

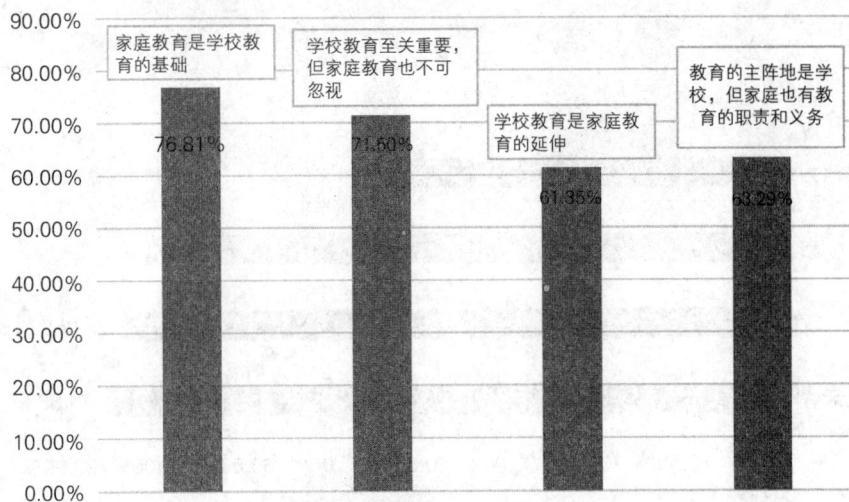

图91 对家校共育的认知情况

（七）家校共育途径与方法的认知与实践情况调查

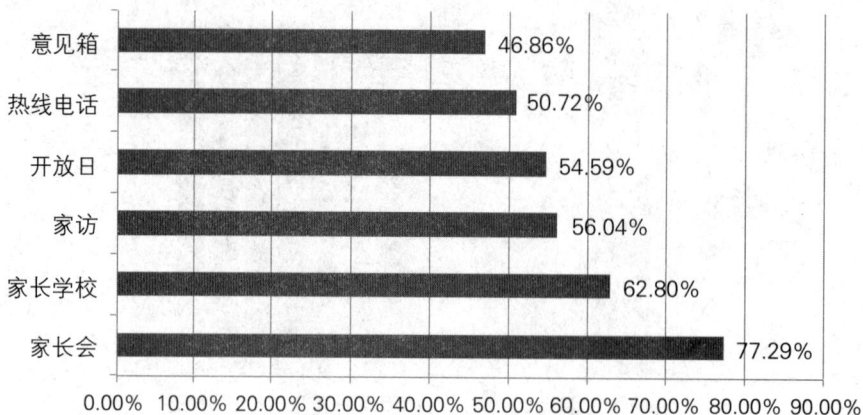

图92　家校共育的有效渠道

类别	百分比
意见箱	46.86%
热线电话	50.72%
开放日	54.59%
家访	56.04%
家长学校	62.80%
家长会	77.29%

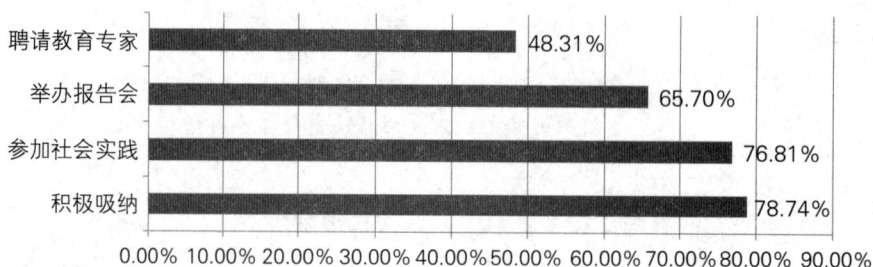

图93　家校共育的有效途径

类别	百分比
聘请教育专家	48.31%
举办报告会	65.70%
参加社会实践	76.81%
积极吸纳	78.74%

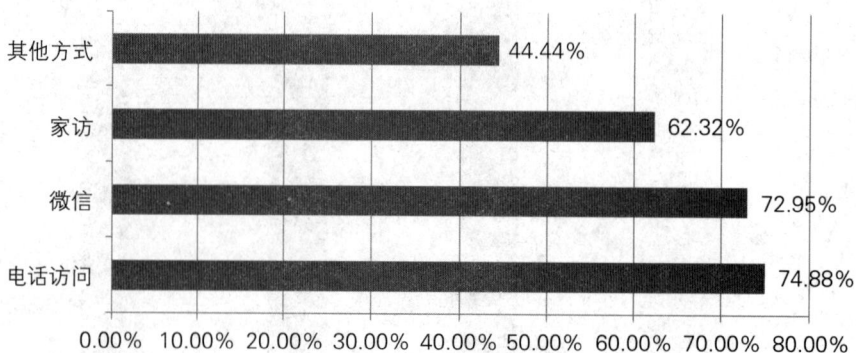

图94　家校共育的联系方式

类别	百分比
其他方式	44.44%
家访	62.32%
微信	72.95%
电话访问	74.88%

第七章　家庭教育存在的问题及建议

一、主要问题

经过调研分析，发现当前家庭教育存在以下主要问题：

1. 家长教养能力亟待提升。主要表现在：家庭发展水平隐患多，风险大；一些家庭不尊重孩子的权利，还存在着家庭暴力（语言暴力、行为暴力），存在打骂孩子的现象；家长教育理念需要更新，许多家长重文化艺术教育而轻生活能力培养，重学习成绩而轻良好习惯的养成；家长教养知识需要提升，许多家长不懂得家庭经营管理，不了解孩子身心成长特点；缺乏终身学习，缺少基本的教育知识；家长教养能力需要提升，许多家长不能和孩子平等地交流，耐心地沟通，方法、语言粗暴简单，伤害孩子的自尊心；教养方式不适当，在学生写作业时缺乏自律，不能真正陪伴孩子成长；父亲教育责任缺位，不到位等。

2. 家庭建设有待加强。主要表现在：相当一部分校长对家风建设重视不够，家庭教育方面的专业学习不够，开展家庭教育计划性不够；家风家训知晓率不高；近1/3的教师不知道或没考虑过家风，不重视或不知该怎么重视；家庭文化建设严重滞后，家庭藏书量少；家长管教方式粗暴，家人关系紧张；家人关系亲密度不高，采用命令式交流方式、餐桌上经常唠叨的家长所占比例较大；多采用讲道理的方式，暗示提醒的家长少，甚至存在说做不一或双重标准的现象；夫妻经常吵架，缺少有效沟通；学生获取时令性、生活类信息的资源少；存在推脱责任、不当管教等行为；家庭卫生、语言环境等整体水平有待提高。

3. 家校沟通有隔阂。主要表现在：部分家长对自己孩子的老师存有畏惧感，自信心不足；家校和谐度不高，存在着家校矛盾；家校合作重形式轻内容，教师参与度不高；教师、家长不能帮助学生通畅地排解心中郁结；少量学生有顺其自然、厌学的情绪；教师与家长经常性的、深层探讨的沟通少；家长不配合，聊天式多，探讨式少；沟通渠道不畅，主要原因是没时间、难沟通、教师地位低；过度关注孩子的考试名次，缺乏正确的情感交流和心灵沟通。

4.学生身心健康教育需要加强。主要表现在：学生身体素质有待提升；心情不好时选择自己处理，有烦恼不愿意跟父母和老师交流，而是通过上网聊天、听音乐、睡觉、吃东西、哭闹、出走等方式发泄；不被理解信任时产生对抗心理，心情压抑，恨家长，甚至发生冲突。

5.家庭教育指导服务体系有待进一步健全。主要表现在：服务机构还不能满足需求；家长学校的作用发挥不充分，课程碎片化、不科学不系统，指导队伍水平参差不齐；家长重视家庭的权利而忽视教师的权利；家庭教育可供使用的资源少；指导内容主次轻重不清，重道而轻术；家长对自身的教育主体地位认识不到位，许多家长仍然认为教育的主体在学校；家委会的职责不明确；校长需要加强家庭教育方面的培训学习，提高自身指导教师家庭教育的水平；社区家庭教育活动还不够丰富等。

二、意见及建议

1.给孩子一个良好的学习氛围和家庭教育环境。"橘生淮南则为橘，生于淮北则为枳。"家庭教育是潜移默化的教育，它弥漫于家庭的每个角落。孩子在什么样的环境，就会成为什么样的人。家长要为孩子提供一个和谐、民主的家庭氛围，建设学习型家庭，让终身学习成为一种习惯。

2.开发山东本土化的家庭教育指导课程资源。构建科学规范的家庭教育课程体系，开发家庭教育指导课程资源，开展家庭教育指导课程资源展评活动，形成丰富的家庭教育课程资源，实现优质资源的共建共享。

3.培育家庭教育指导团队。广泛吸纳有专业特长、有水平、有能力、有公益情怀的家庭教育志愿者，加入到家庭教育指导团队当中来；建立家庭教育队伍培育机制，组建家校社育人共同体，形成专家引领、同伴互助式学习共同体，培育家庭教育工作的优秀校长和骨干教师，并以此指导家长科学实施家庭教育，让家长成长为家庭建设和家庭教育的优秀者。

4. 提升家长教养知能。家长是孩子的第一任老师，家长素质的高低对孩子的成长至关重要，也间接地影响教育质量。只有转变家长的观念，提高家长的素质，才能真正形成教育的合力。只有提高家长的教养知能，才能提升家庭教育水平，做到方法科学、教育到位。

5. 重视家风家训建设。家风家训是家庭形成的一种习惯和风气，是家庭中倡导的一种精神，是民风社风的组成要素，更是中华民族传统价值观的重要组成部分。家是温暖的岸，人是漂泊的船。家庭的稳定、兴旺是社会发展进步的基石。要增强家庭凝聚力，引导家庭成员积极践行社会主义核心价值观。

6. 重视学生的身心健康发展。社会、家庭和学校要融合育人，携手帮助学生健康成长，塑造学生快乐健康的个性，使学生具有良好的习惯、积极向上的态度、宽阔的胸怀，以及坚韧不拔、开拓创新的精神。

三、发展趋势

1. 家庭建设是家庭幸福生活的源泉。习总书记说："家庭是社会的细胞，是人生的第一所学校。不论时代发生多大变化，不论生活格局发生多大变化，我们都要重视家庭建设，注重家庭，注重家教，注重家风。"由此可见，家庭建设在国家建设中的重要性。重视家风家训的建设，传承优良家风家训，任重而道远。

2. 学习型家庭是家庭幸福成长的动力。父母用什么样的方式对待孩子，孩子就会长成什么样的人。家长好好学习，孩子才能天天向上。所以，为适应社会发展的要求和培养适应社会发展的创新型人才，承担教育者使命的家长和教师更要成为高层次的"终身学习者""自主选择学习者"。建设学习型的家庭是建设学习型社会的必备前提。

3. 家庭教育是家庭幸福翱翔的羽翼。社会发展关键在人才，而人才的培养关键在教育。"家校社合作共育未来"，共同推进社会文明进步，是今后一个阶段的重要教育任务。家庭是社会的基本细胞，是人生的第一所学校，优秀人才必须从家庭这个教育源头上抓起，必须"钉好人生的第一粒扣子"；学校教育要主动承担起教育家长的责任，把家长汇聚到正确、科学的教育旗帜之下，同心、同向、同力，建设家校共育同盟军；社区也要主动承担起教育家长的任务，广泛开展教育活动，成为家校共育的纽带和润滑剂。

参考文献

［1］赵忠心.家庭教育学［M］.北京：人民教育出版社，2001.

［2］陈鹤琴.家庭教育［M］.上海：华东师范大学出版社，2006.

［3］杨启光.重叠影响阈：美国学校与家庭伙伴关系的一种理论解释框架
［J］：外国教育研究，2006（2）

［4］黄迺毓.家庭教育导论［M］.台北：五南图书出版股份有限公司，
2016.